ROWOHLT
BERLIN

Unter Mitarbeit
von Michel-Antoine Burnier

Deutsch von
Doris Heinemann

Christine Ockrent

Wie Julius Caesar den Euro erfand

Die Geschichte der europäischen Einigung

Rowohlt · Berlin

Redaktionelle Bearbeitung
Doris Heinemann und Julia Kühn

Die Autoren danken Françoise Casals,
Renaud de Chazournes, Léon Mercadet,
Patrick Rambaud, Cécile Romane, Jean-Pierre Séréni
und natürlich Alexandre Kouchner
für ihre Hilfe.

1. Auflage Januar 2002

Die Originalausgabe erschien 1999 unter dem Titel
«L'Europe racontée à mon fils» bei Robert Laffont, Paris

Umschlaggestaltung any.way, Barbara Hanke
Umschlagillustration Jürgen Mick
Satz Palatino PostScript, QuarkXPress 4.0
bei UNDER/COVER, Hamburg
Druck und Bindung Clausen & Bosse, Leck
Printed in Germany
ISBN 3 87134 407 9

Die Schreibweise entspricht den Regeln
der neuen Rechtschreibung.

Inhalt

Europa, mein lieber

Auf Paul-Henris Schoß

Europa, mein lieber Alexandre, ist für uns eine Familienangelegenheit. Wir sind immer überrascht, wenn andere darüber reden wie über ein fernes Land voller Gefahren und wilder Tiere. Wir sind ganz im Gegenteil davon überzeugt, dass Europa stolz auf seinen Namen sein darf und dass uns das Erbe dieses viel versprechenden, reichen Kontinents mit Fug und Recht zusteht.

Das Europa meiner Kindheit war ganz anders als dein Europa heute. Es litt noch an den Folgen des Kriegs, des letzten Weltkriegs, in dem Hitler-Deutschland seine Nachbarländer mit Mord und Brand überzog und den kommenden Generationen den unauslöschlichen Schmerz des Völkermords aufbürdete. Meine erste und verschwommene Erinnerung daran stammt aus meiner frühen Kindheit: Dein Großvater kam aus Washington zurück. Vor unseren Augen klappte er einen riesigen bordeauxroten Lederkoffer auf – du kannst ihn immer noch in unserem Keller bewundern –, der voll gestopft war mit Dingen, die ich nie zuvor gesehen hatte: Nylonstrümpfen für deine Großmutter, Langspielplatten, einem Plattenspieler und himmelblauen Anoraks für deine Tante und mich, die uns zwar weniger beeindruckten als die Elektrokreisel, aber nun mal viel praktischer waren. Er war mit dem Flugzeug nach Amerika geflogen! Damals gab es nur einen Flug pro Woche, und der dauerte mindestens sechzehn Stunden.

Dein Großvater hatte Harry S. Truman getroffen, das war ein kleiner Herr mit Brille, ein ehemaliger Lebensmittelhändler, der nach Franklin Delano Roosevelt Präsident der Vereinigten Staaten geworden war. Dein Großvater hatte ein Foto mit Widmung von ihm mitgebracht. Und vor allem sehr viele Dollars, die er weiterverteilen sollte, denn er hatte als Mitglied der belgischen Delegation den Marshallplan mit ausgehandelt.

George Marshall, ein ehemaliger amerikanischer General, hatte den Einfall, dass die Vereinigten Staaten Europa bei der Beseitigung der Trümmer und dem Wiederaufbau seiner Städte und Industrieanlagen mit immensen Finanzmitteln unterstützen sollten, um so unseren demokratischen Regierungen wieder auf die Beine zu helfen und dem von der Sowjetunion aufgebauten kommunistischen Block die Stirn zu bieten. Zugleich würden damit neue Märkte für die amerikanischen Produkte erschlossen. Vor allem aber wurde den westeuropäischen Staaten so die Chance geboten, ihre Wirtschaft wieder in Schwung zu bringen, die Lebensqualität ihrer Bürger, die während des Kriegs stark gelitten hatten, rasch zu verbessern und sich über ihre Erfahrungen auszutauschen. Denn im Gegenzug wollten die Vereinigten Staaten ihre Partner zu einer internationalen Organisation zusammenschließen, der OEEC (Organisation für europäische wirtschaftliche Zusammenarbeit). Dieser Europäische Wirtschaftsrat war das nichtmilitärische Gegenstück zur damals bereits in Planung befindlichen NATO und sollte der Zusammenarbeit, der Koordination und dem Ausgleich zwischen den Vereinigten Staaten und ihren Alliierten dienen. Die OEEC erhielt ihren Sitz in Paris. Das betrifft dich direkt, denn mein Vater – dein Großvater – wurde zum Botschafter bei dieser Organisation ernannt, nahm seine Familie nach Paris mit und meldete mich in einer französischen Schule an.

Der Chef deines Großvaters hieß Paul-Henri Spaak. Dieser sozialistische Politiker war belgischer Außenminister. Als die Nazis Belgien besetzten, ging er nach London ins Exil, weil er nicht mit den Nazis kollaborieren wollte. Nach dem Krieg wurde er Belgiens Premierminister und berief deinen Großvater als Kabinettsleiter. Dank Paul-Henri Spaaks Brillanz, Intelligenz, Talent und Energie erlangte Belgien in den internationalen und europäischen Beziehungen eine Bedeutung, die in keinem Verhältnis zu seiner Größe steht. Wie dem belgischen König Léopold II., der seinem winzigen Land ein großes Kolonialreich angliederte, gab man ihm deshalb den Spitznamen «Riese im Entresol». Von Gleich zu Gleich verhandelte er mit den damaligen großen Staatslenkern Europas, dem Franzosen Robert Schuman und dessen Ratgeber Jean Monnet, dem Italiener Alcide de Gasperi und dem Deutschen Konrad Adenauer. Diese Männer verband die Vision eines geeinten Europa, das dank seiner Wirtschaftskraft und seiner gemeinsamen Werte Frieden und Wohlstand für alle Länder sichern sollte. Paul-Henri Spaak gehörte als Vertreter Belgiens zu den Unterhändlern und Unterzeichnern des Römischen Vertrags, mit dem im April 1957 die Europäische Union, wie du sie heute kennst, ins Leben gerufen wurde.

Spaak, das wird dir inzwischen klar sein, war neben meinem Vater der Held meiner Kindheit: Wenn meine Eltern Gäste zum Abendessen empfingen, kauerte ich oben im Treppenhaus, um seinen Schatten zu erspähen. Wie Churchill, dessen gutmütigere Ausgabe er manchmal zu sein schien, wirkte er groß für einen so rundlichen Mann, seine korpulente Gestalt steckte in einem Anzug mit Weste, er trug eine große Schildpattbrille, und sein mächtiger Schädel war kahl. Auch dein Großvater hat sein Haar schon sehr jung verloren, Kahlköpfigkeit war für mich lange Zeit ein sicheres Zeichen für Intelligenz. Spaak kümmerte sich natürlich wenig um kleine Mädchen, aber später, als ich Studentin war und Referate schreiben musste, durfte ich ihn mehrere Male besuchen. Er war immer sehr liebenswürdig – und ein wenig belustigt. Ich erinnere mich an ein Arbeitszimmer, das mir als Rahmen für so viel historische Größe eher klein erschien. Meine ersten Referate betrafen, wie du dir denken kannst, den Aufbau Europas.

Zu Hause war viel die Rede davon. Europa war der Beruf

und die Leidenschaft deines Großvaters. Er stand dem Exekutivausschuss der Organisation für europäische wirtschaftliche Zusammenarbeit, der OEEC, der späteren OECD, vor und zeichnete für einen Plan verantwortlich, in dem eine Freihandelszone der beteiligten Länder vorgeschlagen wurde. Aber Großbritannien und seine Freunde lehnten damals den Gemeinsamen Markt (EWG) ab. Dein Großvater suchte nach einem Kompromiss und verärgerte damit Frankreich. Ich erinnere mich noch mit einem winzigen Gefühl der Demütigung, wie der damalige Premierminister Georges Pompidou mich als sehr junges Mädchen auf einem Cocktailempfang mit den Worten ansprach: «Nun, Mademoiselle, ist Ihr Vater immer noch so antifranzösisch?» Ich errötete und wusste gar nicht, was ich sagen sollte. Eine meiner ersten Erfahrungen in der Welt der Politik: Mir wurde klar, dass ihre Protagonisten oft von einer gewissen, nicht unbedingt komischen Boshaftigkeit sind.

Du wirst selbst die Erfahrung machen, dass die Kindheitserinnerungen in glücklichen Zeiten nur selten von der Politik geprägt sind. Wenn ich in meinem Gedächtnis grabe, stoße ich auf vage Erinnerungen an die Königsfrage, die in den fünfziger Jahren ganz Belgien in Aufruhr brachte: Sollte König Léopold III., der wegen seines Verhaltens während des Krieges heftig kritisiert wurde, zugunsten seines Sohnes Baudouin abdanken? Du kannst dir nicht vorstellen, wie wir uns damals auf den Schulhöfen stritten. Man zog mich an den Zöpfen, daran erinnere ich mich noch und auch an das zurückhaltende Lächeln dieses traurigen und sehr jungen Mannes, Baudouins I., der seinem Volk ein großer König werden sollte.

Dann gab es den Streit um die EVG, die Europäische Verteidigungsgemeinschaft: Brauchte Europa eine gemeinsame Armee oder nicht? In Frankreich tobte lange Zeit ein politischer Kampf um diese Frage, der Familien und Parteien entzweite und sich auch in den Plakaten und Graffiti niederschlug, die ich auf dem Schulweg studierte. Das Fernsehen war rar, Kindersendungen noch rarer – die Kinder nahmen nur mittelbar an der Welt und den Gesprächen der Erwachsenen teil.

In Frankreich wurden die Gemüter vor 1968 im Wesentlichen von Algerien und de Gaulle erhitzt. Europa lag den meisten fern, sein Weg in jenen Jahren wurde eher gleichgültig verfolgt. Und doch haben ein paar von uns Politikwissenschaftsstudenten der 60er Jahre einen europäischen Club gegründet, dessen Ansprüche und Unternehmungen sich allerdings in bescheidenen Grenzen hielten. Die engagiertesten Studenten waren Kommunisten, Sartre-Anhänger, Linke oder Faschisten. Wir hingegen träumten von Reisen und Begegnungen in einem geeinten Europa. Ein Auto war damals gleichbedeutend mit Freiheit, Charterflüge gab es nicht, Amerika war weit, und auf den Ausflügen nach Deutschland oder Kopenhagen übernachteten wir in Jugendherbergen. In England, dem Land des Porridges und der Kekse, futterten sich viele von uns während der Aufenthalte in sparsam beheizten Häusern zusätzliche Kilos an.

Ich durfte ein Jahr zwischen neugotischen Collegebauten und Maibällen in Cambridge zubringen, wo ich zwar nicht zunahm, aber auf immer dem Charme des angelsächsischen Geistes verfiel. Danach wollte ich mein Studium mit Hilfe eines schwer verdienten Stipendiums an einer amerikanischen Universität fortsetzen, vorher jedoch mein Studium in Frankreich abschließen: mit einer Arbeit über «Die Kennedy-Runde oder die Handelsverhandlungen zwischen der Europäischen Gemeinschaft und den Vereinigten Staaten». Ganz schön mutig – und blauäugig! Ich gestehe es dir gleich: Ich habe sie nie zu Ende geschrieben.

Für meine Recherchen nahm ich einen ersten Job an: als Praktikantin im Informationsbüro der Europäischen Gemeinschaften – so hieß damals die Europäische Union – in Paris. Dort lernte ich hinreißende Leute kennen, Schüler des französischen Europapolitikers Jean Monnet und der anderen Gründerväter der Europäischen Union, Menschen, die den Krieg erlebt hatten und fest an Europa glaubten. Wir stellten blaue, sternenverzierte Broschüren her, in denen die Gemeinsame Agrarpolitik und die Ausgleichszahlungen erklärt, die großen Gestalten und wesentlichen Etappen der europäischen Einigung ins Gedächtnis gerufen, die Institutionen und Mechanismen, die Zeichen und Regeln der Europäischen Gemeinschaften erläutert wurden, kurz: im Laufe der Zeit die zum Aufbau Europas gehörende Pädagogik entwickelt wurde. Und dabei wurden mir die Komplexität Europas, seine Widersprüche, seine Verwirrungen und seine absolute Notwendigkeit klar. Mein Praktikum liegt lange zurück, aber Europa hat mich nicht mehr losgelassen.

Seine Geschichte möchte ich dir jetzt erzählen, ein Epos, das uns heute noch beeindruckt, von Julius Caesar bis zum Euro, von den Kathedralen bis zur Erfindung des Kapitalismus, von Karl dem Großen bis zur Europäischen Union. Diese Kultur und ihre Werte haben uns zu dem gemacht, was wir sind. Denn bist du nicht zugleich Franzose und Belgier, ein wenig Flame und ein bisschen Provençale, eine Spur Pole und sogar Litauer, mit ein paar spanischen und italienischen Elementen? Eben ein wahres Kind Europas im anbrechenden 21. Jahrhundert.

Eines Frühlingsmo

Die Abenteuer der Prinzessin Europa

Warum Europa? Weil Europa den alten Griechen zufolge der Name einer hübschen phönizischen Prinzessin war, der Tochter des Königs Agenor von Tyrus und Sidon. Die Geschichte fing fünf Generationen vor der Geburt des Herakles an, in jener glücklichen Zeit, als die Götter sich noch gern zur Erde hinunter begaben.

Eines Frühlingsmorgens beugte sich der Götterkönig Zeus über seinen himmlischen Balkon und schaute in Richtung des heutigen Libanon. Er schob die Wolken beiseite und erblickte ein bezauberndes junges Mädchen, das mit seinen Gespielinnen auf den Blumenwiesen am Meer herumtollte: die Prinzessin Europa. Zeus verliebte sich auf der Stelle.

Du weißt, dass Zeus ein wenig abenteuerlustig und seiner Gattin Hera oft untreu war.

gens . . .

Dieses Mal betrog er sie in Gestalt eines Stiers, eines weißen, sagen die einen, eines braunen, behaupten die anderen; aber alle sind sich darin einig, dass er wundervoll aussah, mit einer runden Silberscheibe auf der Stirn und makellos mondsichelförmigen Hörnern. Der falsche Stier mischte sich unter eine Herde, die sich gemächlich auf die Prinzessin und ihre Freundinnen zu bewegte. Er wirkte eher verspielt als bedrohlich. Und nachdem der erste Schrecken überwunden war, neckte Europa das große Tier, streichelte es, fütterte es mit Blumen und schmückte seine Hörner mit Girlanden. Der Stier verströmte einen köstlichen Duft und muhte auf eine bei Rindviechern selten anzutreffende harmonische Weise. Zum Spaß kletterte die Prinzessin auf den Rücken des charmanten Huftiers.

Da sprang es ins Meer und tauchte in die Wellen, während die erschrockene Europa sich an sein rechtes Horn klammerte und, ohne ihr Blumenkörbchen loszulassen, ihr Kleid raffte, damit es nicht nass würde. Sie flehte den Stier an, sie nicht zu ertränken oder auf einer einsamen Insel auszusetzen. «Hab keine Angst», antwortete Zeus, «ich bin der König der Götter, und ich liebe dich.»

Endlich setzte er die Prinzessin auf festem Grund ab. Auf Kreta, glauben die meisten, einer seiner Lieblingsinseln. Einige Fantasiebegabte meinen jedoch, es sei ein damals unbekannter Erdteil gewesen, der später nach der niedlichen Prinzessin benannt werden sollte: unser Europa.

Nun musste die Geschichte noch zu einem Ende kommen, und auch da gehen die Ansichten auseinander. Den Optimisten zufolge nahm Zeus wieder seine göttliche (das heißt menschliche) Gestalt an und vereinigte sich in einem Weidenwäldchen freudig mit der bereitwilligen Prinzessin. Andere sehen es etwas düsterer: Der Götterkönig habe sich in einen Adler verwandelt und seine Beute unter einer Platane vergewaltigt.

«Du wirst von mir berühmte Söhne empfangen, die über alle Menschen herrschen werden», versprach Zeus. Und in der Tat gingen aus dem Abenteuer drei Kinder hervor, darunter auch der legendäre kretische König Minos, der Richter in der Unterwelt.

Die ganze Zeit lang suchten Europas Brüder nach ihrer Schwester. Sie hatten nicht die geringste Ahnung, wohin man sie gebracht haben könnte. Auf ihren endlosen Fahrten gründeten sie überall Städte, bis hin nach Spanien, Sardinien und Nordafrika.

So erzählt die Mythologie die Geschichte Europas. Die Entführung der schönen Prinzessin, der Zauber ihrer nackten Gefährtinnen, kleine herumflatternde Amoretten, der verliebte Stier mit dem rosa Maul – ein herrliches Sujet für die großen Maler von Veronese bis Tizian, von Boucher bis Gustave Moreau.

Aber damit ist immer noch nicht klar, warum Europa Europa heißt. In Wirklichkeit haben die Griechen unseren Kontinent kaum gekannt. Zu Homers Zeiten endete Europa für sie an den Küsten des Mittelmeers. Auf dem Höhepunkt der griechischen Kultur, fünf Jahrhunderte vor Christi Geburt, kamen die Reisenden und Kolonisten kaum über Sizilien und Marseille hinaus, der größte Teil Italiens und fast das gesamte Gallien und Germanien waren ihnen unbekannt. Erst 340 vor unserer Zeitrechnung hörten sie die unglaublichen Erzählungen eines Phokäers aus Marseille, Pytheas, der die britannischen Küsten umrundet und sich bis in die Nebel der Ostsee vorgewagt hatte.

Schon Herodot, der erste Geschichtsschreiber, wunderte sich: «Da doch die Erde eins ist, kann ich nicht verstehen, warum man ihr drei verschiedene Frauennamen gibt: Europa, Asien, Libyen.»

Mehr kann ich dir auch nicht sagen, und mehr wirst du auch nicht erfahren.

... umzingelt

Julius Caesar als Geburtshelfer Europas

Europa, das richtige, das mit einem gemeinsamen Markt und einer einheitlichen Währung, hat schon vor zweitausend Jahren existiert – und hieß Römisches Reich. Es entsteht im Jahre 52 vor Christi als Folge einer grausamen Niederlage der Gallier auf der Hochebene von Alesia. Der Eindringling Julius Caesar umzingelt mit seinen Truppen das befestigte Lager; Vercingetorix, der einen Teil der gallischen Volksstämme um sich geschart hat, leistet Widerstand; Caesar sprengt ein riesiges, zu Hilfe geeiltes gallisches Heer, und Vercingetorix kapituliert. Nach zehn Jahren Krieg wird Gallien von den römischen Truppen besetzt.

Trotz Caesars Bericht wissen wir nur wenig über die Schlacht. Frag mich nur nicht, wo Alesia liegt. Die Fachleute streiten sich immer noch um drei in Frage kommende Gegenden. Wer war Vercingetorix? Ein junger Avernerfürst – bei seiner letzten Schlacht ist er zwanzig Jahre alt. Aber ihn, wie im 19. Jahrhundert geschehen, als Begründer des französischen Patriotismus zu betrachten ist ein wenig unseriös. Caesar hält ihn für einen Lümmel, der mit seiner Rowdybande die übrigen gallischen Stammesfürsten herausfordert. Ein Historiker hat sogar unterstellt, er sei ein von Rom aus gelenkter Doppelagent gewesen, der den Rest seines Lebens unter falschem Namen friedlich in einer süditalienischen Stadt verbracht habe. Ist ja auch unwichtig! Wir müssen die Bedeutung des Ereignisses nach der seiner ungeheuren Folgen beurteilen. Diese nämlich haben das Leben der achtzig Generationen vor uns, auch deins und meins, völlig verändert. Alesia ist meines Wissens der einzige Ort einer Niederlage, nach dem in Paris eine Straße und ein ganzes Viertel benannt wurden.

Die grausame Geburt Europas: der erste Krieg zwischen Nationen auf unserem Kontinent. Vorher hatten Sippen und kleine tierhautbekleidete Volksstämme einander befehdet und die Fronten gewechselt – Provinzstreitereien, verglichen mit dem Gallischen Krieg. Hier kämpfen Helvetier (Schweizer) und Belgen (die Tapfersten), Angst einflößende Germanen, kollaborierende und Widerstand leistende Gallier – und natürlich Römer. Die Römer verschaffen sich schließlich Zugang zum Westen und Norden des Kontinents, Caesar dringt bis in die Bretagne und nach Germanien vor. Als Sieger eint er diese zuvor getrennten Völker und Regionen: Er greift tief in die Geschichte ein und schafft für mehr als zweitausend Jahre einen einheitlichen Handels- und Kulturraum, den «Barbaren»*, ehrgeizige Fürsten und Könige, Kriege und Revolutionen nie ganz haben auflösen können.

Die Anfänge sind brutal. Wir alle bewundern die römische Kultur, voller Stolz führen wir einen Großteil unserer Wurzeln, unserer Sprachen und unseres Denkens auf sie zurück. Aber sie hat einen Makel: Grausamkeit. Die Grausamkeit der Sklaverei, der Zirkusspiele, der maßlosen Massaker. Von den etwa fünf

* So bezeichneten die Römer die Völker außerhalb ihres eigenen römisch-griechischen Kulturkreises.

Millionen Einwohnern sterben im Gallischen Krieg neunhunderttausend bis zweieinhalb Millionen, fast die Hälfte der Bevölkerung.

Nach der Einnahme von Avaricum (Bourges) bringen die Römer vierzigtausend Menschen um – Männer, Frauen, Alte und Kinder. Anderswo wird allen, die Widerstand leisten, die rechte Hand abgehackt. Von den dreihundertsiebzigtausend Helvetiern überleben nur hundertdreißigtausend. Überall wird geplündert. Die Besiegten müssen Steuern zahlen: vierzig Millionen Sesterzen. Frag mich nicht, wie viel Euro das sind; es lässt sich kaum umrechnen: Unsere Volkswirtschaften und Finanzsysteme, die Preise für Arbeit und Güter unterscheiden sich zu stark voneinander. Aber glaub mir, es war eine hohe Summe. Der Gallische Krieg versorgt Rom mit einer Million Sklaven – allesamt deportierte und verkaufte Kriegsgefangene.

Caesar lässt erst Milde walten, als aller Widerstand erloschen ist.

Aber wenigstens gibt es jetzt Europa, wirst du sagen. Ja und nein. Viel zu oft wird vergessen, dass sein Schicksal noch ein weiteres Mal bei einer anderen Schlacht auf dem Spiel steht, die genauso wichtig ist wie die bei Alesia: die Schlacht von Aktium in Westgriechenland, einundzwanzig Jahre später. Caesars Erben stehen einander gegenüber. Auf der einen Seite Oktavian, der spätere Augustus (der Erhabene); er repräsentiert die westlichen Provinzen, deren bedeutendster Verwalter er sein wird. Auf der anderen Seite der nach Osten orientierte Antonius, der Geliebte der ägyptischen Königin Kleopatra. Du weißt schon, Kleopatra, ihre Nase und ihre Schönheit, die Hollywoodfilme und Asterix …

Wenn Antonius und Kleopatra den Sieg davontragen, würde sich Rom nach Osten und Süden ausdehnen und Gallien sich selbst, seinen Bürgerkriegen und den Germanenüberfällen überlassen werden: kein Europa in Sicht, keine griechisch-lateinische Kultur auf dem westlichen Kontinent.

Sollte Oktavius Augustus sich durchsetzen, geschähe das genaue Gegenteil: kein asiatisches Königreich, sondern die Errichtung eines republikanischen Reichs, das vor allem auf der Einigung von Rom und Gallien beruhte.

In Aktium wird das Schicksal der Welt entschieden.

Eine gewaltige Seeschlacht, Römer gegen Römer, mit Dreiruderern, Katapulten, brennendem Pech, Enterungen. Oktavius Augustus triumphiert und jagt Antonius bis Alexandrien. Dieser begeht Selbstmord, Kleopatra lässt sich von einer Schlange den Todesbiss geben.

Augustus' Sieg und seine geschickte Verwaltung Galliens bringen Rom von der überkommenen Vorstellung ab, Zukunft und Reichtum lägen nur im Orient.

Stell dir das Römische Reich zweihundert Jahre später vor: Es ist Europa. Italien hat ganz Gallien, Belgien und die Niederlande, Spanien und Lusitanien (Portugal), zwei Drittel von Großbritannien, Germanien bis zum Rhein, halb Mitteleuropa bis Pontus Euxinus (dem Schwarzen Meer), Griechenland und Mazedonien um sich geschart. Außerdem überlappt das Römische Reich auch weite Gebiete Nordafrikas, Libyens und Ägyptens, Palästinas, Syriens, Mesopotamiens und dessen, was viel später zur Türkei werden wird. Aber das Zentrum liegt weiterhin im Westen.

Das sind die Grundlagen unserer modernen Welt. Rom baut die ersten Großstädte und stattet sie mit breiten Prachtstraßen, mit Gehsteigen, Triumphbögen und Basiliken aus, um die Monotonie zu verhindern, die wir in unseren modernen Städten nicht haben vermeiden können. Es gibt Abwassersysteme, fließendes Wasser und, bei den ganz Reichen, Heißluft-Zentralheizungen. So entstehen nach dem Vorbild Roms Arles, Nîmes, Lutetia (Paris), Köln, Mainz, York, Colchester …

Das Land wird nach einem einheitlichen Katasterplan aufgeteilt, der unsere Landschaften noch lange prägt.

Rom erfindet sogar eine erste Form staatlich finanzierter Sozialversicherung: So weit werden wir erst im 20. Jahrhundert wieder sein.

Das Wirtschaftssystem ist zugleich liberal – private Landwirtschafts-, Industrie- und Handelsunternehmen dürfen sich nach Belieben entfalten – und etatistisch – Bergwerke, Steinbrüche, Fischereirechte und Salinen sind Eigentum des Staates. Natürlich gibt es Korruption, aber sie ist nicht allgemein und wird normalerweise gering gehalten.

Unter Caesar behandelte Rom seine Provinzen wie eroberte Gebiete; unter Augustus und seinen Nachfolgern werden sie entwickelt und organisiert. Sie erleben einen Wohlstand wie nie zuvor und erst lange danach wieder. Gallien wird bald zu einer der florierendsten Regionen des Reichs: fruchtbar, reich an Erzen, gut bewässert und noch dazu mit Zugang zu allen europäischen Meeren.

Allein in Gallien werden mehr als zwanzigtausend Kilometer Straße gebaut.

Rom setzt vor allem auf Integration. Hundert Jahre nach Caesar entsenden die Gallier gallische Senatoren nach Rom. 212 nach Christus verleiht Kaiser Caracalla allen Reichsangehörigen das kostbare römische Bürgerrecht. Die Völker vermischen sich. Schon Cicero klagt, er sehe zu viele gallische Beinkleider in Rom. Innerhalb der gallo-romanischen Zivilisation, die ja vor allem eine griechisch-lateinische ist, findet eine gewaltige Verschmelzung statt. Aus ihr entstehen die fünf romanischen Sprachen, Französisch, Italienisch, Spanisch, Portugiesisch, Rumänisch, und auch im Englischen und Deutschen hinterlässt sie ihre Spuren. Ihr verdanken wir auch die meisten nichtbiblischen Mythen.

Dieses wunderbare System funktioniert jahrhundertelang und relativ unbeeindruckt von den politischen Stürmen, wie der alte Historiker Ernest Lavisse bemerkt: «Unter schlechten wie guten Kaisern blieben die Provinzen wohlhabend, friedlich und gut regiert. Nur in Rom litt man unter der Grausamkeit und der Willkür der schlechten Kaiser. Augustus hatte die Verwaltung in den Provinzen so weise organisiert, dass sie weiterhin reibungslos funktionierte, sogar unter abscheulichen Regimen.» Rom und das Römische Reich darfst du nicht nach einem rasenden, brandstiftenden, muttermordenden und rachsüchtigen Nero beurteilen.

Man kann davon ausgehen, dass die Reichtümer im romanisierten Europa, einmal abgesehen von der schrecklichen Sklaverei, auch nicht viel ungleichmäßiger zwischen den freien Bürgern verteilt waren als im jetzigen Frankreich.

Wenden wir unsere heutigen Europa-Kriterien auf das damalige Römische Reich an. Ich weiß, Historiker lehnen solche Methoden ab, aber ich tue es trotzdem.

Das Römische Reich war wie die Europäische Union ein *einheitlicher Markt*, ein Raum ohne Binnengrenzen: Der freie Personen- und Warenverkehr schuf – wie auch heute – eine relativ wohlhabende Gesellschaft mit hohem Konsumniveau.

Die Verwaltungs- und Literatursprache, Latein, war für alle dieselbe. Das lässt sich über das derzeitige Europa nicht sagen, wenngleich sich ein vereinfachtes Englisch als Sprache der Touristen und Geschäftsleute durchsetzt. Das Lateinische wurde quasi zur *einzigen Sprache* des Okzidents, als die Kirche überall im christianisierten Reich ihre Lehren verbreitete.

Ein *einheitliches Recht* – für alle galten dieselben Gesetze. Davon sind wir noch weit entfernt: Abgesehen von den Unterschieden des einzelstaatlichen Rechts zerfällt die Europäische Union auch noch in Länder römischen und in Länder angelsächsischen Rechts. Im Römischen Reich konnten alle Bürger unabhängig von ihrer ursprünglichen Volkszugehörigkeit öffentliche Ämter übernehmen. Sie unterlagen einem *einheitlichen*

Steuersystem, das zwar ebenso kompliziert und belastend war wie unser heutiges, aber immer noch besser, als von «Barbaren» geplündert zu werden. Wir hingegen haben schon Schwierigkeiten, unsere Mehrwertsteuersätze zu harmonisieren, von einer Angleichung der verschiedenen Steuersysteme ganz zu schweigen. Eine starke, aber dezentralistische *einheitliche Verwaltung* regierte das Römische Reich und zeigte dabei deutlich mehr Präsenz als die Brüsseler Bürokratie.

Ein *einziges politisches Oberhaupt*, der Kaiser, der *princeps* (Fürst), der Erste, aber nicht der König, wurde vom Senat gewählt. Von Augustus bis Nero wurden alle Kaiser aus derselben Familie, nämlich der Caesars, gewählt, nicht aus Erbfolgegründen, sondern des politischen Gleichgewichts halber. Später war der Senat schwach genug, die Militärs auf die Benennung Einfluss nehmen zu lassen. Der Kaiser war nicht unbedingt Römer, es gab auch gallische, spanische, afrikanische *principes* … Wir haben erst einen ganz kleinen Schritt getan, indem wir einen Präsidenten der Kommission ernennen, der aber noch dem Einfluss der Staaten unterliegt.

Das römische Heer wurde nach und nach zu einer *europäischen Armee*. Schon in Caesars Truppen gab es eine germanische Reiterabteilung. Etwa ab 275 nach Christus bestand das Heer nicht mehr mehrheitlich aus Römern: Man rekrutierte aus allen in Frage kommenden Völkern, die dem Reich umso mehr verbunden waren und umso lieber für Rom kämpften, als sie gleichzeitig ihre eigenen Gebiete gegen die «Barbaren» verteidigten. Rom machte seine alten Soldaten zu Grundbesitzern und belohnte ihre guten Dienste mit einem Haus und Land in Grenzgebieten – die Bedrohung von außen bürgte für ihre Treue. Das römische Heer sah nicht aus wie die Legionäre in ihren Tuniken, die sich dein Vater manchmal auf Video anschaut. Es war wirklich ein Vielvölkerheer, wobei jeder von den militärischen Erfindungen des anderen profitierte, mit bunt zusammengewürfelten Schildern und Helmen, aber einer unvergleichlichen Organisation und Disziplin. Heute überläuft uns ein ehrfürchtiger Schauer, wenn am 14. Juli ein französisch-deutsches Bataillon über die Champs-Élysées zieht. In Bosnien oder im Kosovo aber bringen wir ohne die Initiative und die Rückendeckung der Vereinigten Staaten keine gemeinsame militärische Operation zustande.

Nach und nach verbreitete das Römische Reich seine tolerante griechisch-lateinische Religion, die die fremden Gottheiten in sich aufnahm. Sofern dem Kaiser ausreichend geopfert wurde, befürwortete er die freie Religionsausübung. Die Christen wurden verfolgt, weil sie sich zu leisten weigerten, was mehr einem politischen Gelöbnis als einem spirituellen Treueid gleichkam. Aber als Kaiser Konstantin 312 nach Christus zum Christentum übertrat, sollten sich auch die Völker zu seinem neuen Glauben bekennen; somit gab es eine *Religion mit Einheitsanspruch*, die weniger tolerant, jedoch allgemeiner war und im Übrigen von Spaltungen und Ketzereien durchzogen, die dem Zusammenhalt des Reichs Schaden zufügten.

Und dann möchte ich angesichts der nun anbrechenden Ära des Euro noch auf eine der wesentlichen Errungenschaften des Römischen Reichs hinweisen: seine *einheitliche Zentralbank*, die Geld einer *einheitlichen Währung*, nämlich Denare, ausgab.

Rom hatte den Denar 210 vor Christus eingeführt, nach und nach verdrängte er die Drachme der Griechen, die einst das Geldstück aus Gold, Silber und Bronze erfunden hatten. Augustus machte den Denar zur einheitlichen Währung aller Provinzen. Den Münzen, die bislang verschiedene Symbole trugen, wurde nun sein Bildnis, später das seiner Nachfolger, aufgeprägt; nur sie waren im gesamten Reich gültig, und wer sie nicht annehmen wollte, riskierte schwere Strafen. Damit löste Augustus das überaus lästige Problem des Geldwechselns, dieser vor der Einführung des Dezimalsystems schrecklich komplizierten Rechenoperationen, die bis dahin beim Handel zwischen weiter voneinander entfernten, aber auch benachbarten Städten erforderlich waren. Die Währungseinheit war für die Geschäfte im Okzident wie im Orient ein starker Wachstumsfaktor.

Der Denar setzte sich ohne Mühe durch.

Jesus höchstpersönlich blickte in Jerusalem auf einen Denar, als er fragte: «Wessen Bild und Aufschrift ist das?» – «Des Kaisers.» – «So gebt dem Kaiser, was des Kaisers ist ...» Im Jahr 28 oder 29 unserer Zeitrechnung wurde Christus in Einheitswährung verkauft: für die dreißig Denare, die Judas für die Auslieferung seines Herrn erhielt. Das römische Geld war weit über die Reichsgrenzen hinaus im Umlauf. Mehr noch als der Dollar von heute und vielleicht der Euro von morgen wurde der Denar in der gesamten antiken Welt, von Skandinavien bis Ceylon, akzeptiert. Er überlebte sogar das Römische Reich. Noch zu Beginn des Mittelalters benutzten die «Barbarenkönige» die römische Münze weiter, und manche ließen sie kopieren. Von Denar stammt auch das Wort Dinar für das arabische und jugoslawische Geld; die andere arabische Währung, der Dirham, geht auf die griechische Drachme zurück. Mit dem Euro treten wir wieder in die Fußstapfen Roms. Und was keine Macht Europa seit dem Ende der Caesaren aufzwingen konnte, haben elf Demokratien freiwillig beschlossen und zum 1. Januar 1999 in Kraft gesetzt.

Das Römische Reich hat den europäischen Völkern nicht nur Wohlstand gebracht, sondern auch Frieden. Vorher lebten diese Völker in einem Zustand gewalttätiger Unordnung. Sie lagen ständig miteinander im Streit und litten unter schrecklichen Überfällen aus dem Osten. Rom setzte die *pax romana* – den «römischen Frieden» – durch, schützte Gallien und Mitteleuropa vor den «Barbaren», und über Jahrhunderte – von einigen kleinen Zwischenfällen abgesehen – schienen Reich und Friede ewig zu währen. Endlich konnte man zu jeder Jahreszeit und ohne große Gefahr zu Wasser und zu Lande nach Osten und nach Westen reisen. Man fühlte sich lange Zeit so sicher, dass viele galloromanische Städte keine Befestigungen hatten. Was hätte die Bevölkerung anderes empfinden sollen als Dankbarkeit? Sie genoss in einem bis dato in der Menschheitsgeschichte unbekannten Maße Ruhe und Wohlstand.

In der zweiten Hälfte des 4. Jahrhunderts wird Gallien von den ersten Invasionen heimgesucht. 476 fällt Rom endgültig. Diese Katastrophe hinterlässt in allen Bevölkerungen die Sehnsucht nach dem römischen Frieden und Wohlstand und dieses Streben nach europäischer Einigung, das auf immer – im Guten wie im Schlechten – unsere Nationen, deren Könige und Kaiser, unsere Schriftsteller und Philosophen beseelen wird.

Das römische Europa hat fast fünf Jahrhunderte überdauert. Fünf Jahrhunderte – das ist immerhin ein Viertel unserer bekannten und schriftlich festgehaltenen Geschichte. Und deshalb ist der Europagedanke nie verschwunden, sondern hat sich bei jeder Umgestaltung unserer Welt immer wieder ins Spiel zu bringen versucht, um uns heute mehr denn je voranzutreiben.

Die drei Wiedergeburten Europas in Mittelalter, Renaissance und Aufklärung

Am Ende des 5. Jahrhunderts verfiel unser Kontinent in einen schlimmen Zustand. Richtig, der Frankenkönig Chlodwig sah sich als Erbe Roms und ließ sich zum Christentum bekehren. Aber Chlodwig teilte das von ihm geeinte Frankenreich unter seinen Kindern auf, und diese bewiesen nach seinem Tod keinerlei Staatssinn, sondern gerieten sich mächtig in die Haare. Und deshalb ist Chlodwig ganz im Gegensatz zur Legende und allen nationalistischen Phantastereien nicht der Begründer Frankreichs. Denn nach ihm gibt es in Gallien und Germanien nur noch lokale Häuptlinge und damit ständigen Krieg.

Niemandem gelingt es, das Reich wiederherzustellen. Im Nordwesten Galliens lassen sich die Franken nieder, im Süden errichten die Ostgoten ihre wackelige Macht. Und ringsum die ungeordnete Masse «barbarischer», das heißt nicht unter römisch-christlichem Einfluss stehender Königreiche.

... barba

Nur die Kirche kann, indem sie das Lateinische lehrt und ihre Gebiete in Diözesen aufteilt, deren Bischöfe formal Rom unterstehen, einen Anschein von Einheit aufrechterhalten. Sie bedroht die Fürsten und Könige mit einer fürchterlichen geistlichen Waffe: der Exkommunikation, der Zwangsfahrkarte in die Hölle. Und überall, wo die Kirche noch den Zehnten – diese in Geld oder Naturalien zu zahlende Steuer, die erst mit der Französischen Revolution abgeschafft wird – erheben kann, behält sie ihre Finanzmacht. Aber sie bleibt innerlich zerrissen. Streitigkeiten um die wahre Lehre vermischen sich mit politischen Rivalitäten und führen zu einer Vielzahl von Konflikten und Gemetzeln.

Die Kultur überdauert nur im Orient, diesem zweiten Teil des Römischen Reichs, der sich Ende des 4. Jahrhunderts vom Okzident abgespalten hatte: das mehr griechische als lateinische Byzantinische Reich, eine Art östliches Europa. Byzanz hat die Kultur, die Künste, die technischen Errungenschaften bewahrt. Doch die große Masse der Westeuropäer hat vergessen, dass die Erben Roms nur wenige tausend Kilometer entfernt sind. Als die Kreuzfahrer sich dorthin begeben, kommen sie als Plünderer und nicht, um sich erneut zivilisieren zu lassen. Das Byzantinische Reich wird den Sturz Roms um tausend Jahre überleben und erst 1453 unter den türkischen Angriffen fallen.

sche Königreiche

Stell dir Europa vom 6. bis zum 8. Jahrhundert vor. Vom einstigen Wohlstand zeugen nur noch die schlecht instand gehaltenen Straßen. Überall breitet sich dichter Wald aus, ein kalter, eintöniger Dschungel, bevölkert von Auerochsen, Bisons,

Bären und vor allem Wölfen. In der Nähe der Stadt Auxerre kommt mitten in der Messe ein Wolf in die Kirche – auf der Suche nach Beute. Wo der Wald in den südlicheren Gebieten oder zum Atlantik hin ein wenig ausfranst, treten Moore, Heideland und Gestrüpp an seine Stelle.

Die Menschen fürchten sich vor dem Wald, aber zugleich sichert er ihr Überleben. Er bietet ihnen Wild und Pilze in Überfülle, den Honig wilder Bienen, Eicheln für die Schweine, Reisig als Heizmaterial und Harz für ihre Lichter. Es wird wenig gerodet und Ackerbau getrieben. Viel zu oft gibt es eine Mischung aus Erde und Mehl zu essen. Es kann vorkommen, dass man vor Hunger einen Reisenden überfällt, zerlegt und einpökelt. Man fürchtet sich: vor dem Winter, vor der Nacht, vor den Soldaten, vor den bösen Geistern.

Da nicht mehr bekannt ist, wie man Brücken baut, ertrinken viele bei dem Versuch, Flüsse an einer Furt zu durchwaten.

Die Wegelagerer nehmen überhand. Klar, wenn man einen Banditen erwischt, sticht man ihm ein Auge aus oder schneidet ihm die Nase ab. Aber glaubst du, dass man so die anderen abschreckt? Wenn die Banden eine gewisse Stärke erlangen, nennt sich ihr Anführer «Seigneur», und dann ist man den Forderungen dieses «Herrn» völlig wehrlos ausgeliefert.

Die Völker, die der Frankenkönig Karl – den man den Großen nennen wird, *Carolus magnus*, Charlemagne – im 8. Jahrhundert in einem Reich vereint, haben wenig Ahnung von dem, was außerhalb der Reichsgrenzen liegt. Aber sie sind auf der Hut. Sie fürchten und verachten dieses Gewürm am Rande des Königreichs: die Ungarn, die die gleichen Pferde reiten wie sie selbst; die Slawen; die Bretonen, die im Gebüsch schlafen. Und was die Skandinavier angeht, diese Nordmenschen, die sind nun wahrhaft des Teufels. Die Mönche erzählen allerlei: Die Normannen sollen einen Angriff an der Atlantikküste gewagt haben, die Sarazenen hätten Nizza verwüstet …

Die Menschen des 8. Jahrhunderts interessieren sich nicht

für ihre Epoche. Die wenigen Schriftsteller riskieren keinen Blick nach draußen, sondern schreiben religiöse Manuskripte ab. Die Welt hat keine Form. Abgesehen von zwei irischen Geographen versucht sich niemand eine umfassende Vorstellung von dem zu machen, was Europa war und wieder werden kann.

Karl der Große unternimmt einen Versuch.

Von ihm sind nur eine Legende geblieben, ein Thron in Aachen und ein Grab. Und kleine, später aufgebauschte Begebenheiten wie das Scharmützel von Ronceveau, bei dem sein Neffe Roland sein Leben ließ – keinerlei Zusammenhang mit der ruhmreichen Schlacht gegen die Sarazenen, die man später hinzuerfinden wird, nur ein Übergriff baskischer Kommandos.

Karl ist nicht Caesar. Er führt eine Schar von disziplinlosen Kriegern an, von Plunderern und Säufern, die desertieren, sobald sie genug erbeutet haben. Verrat ist an der Tagesordnung. Der Schwarzhandel auch. Ein Harnisch ist seine vier Kühe wert; und auch der Schmuggel blüht, ein Händlerring versorgt die Heiden gegen gutes Geld mit Waffen. Allem zum Trotz vergrößert Karl sein Reich, lange Zeit plagt er sich, um Pavia zu erobern, und er befreit die Langobarden. Seine Taktik ist die Zermürbung: Sieben Monate belagert er Barcelona, drei Jahre braucht er für die Eroberung Sachsens. Aber sein eigentliches Ziel ist ehrgeiziger, moderner und weniger militärisch: das Imperium. Im 8. Jahrhundert ist Rom noch nicht vergessen.

«Europa, das ist ganz Westeuropa», raunt ihm sein Ratgeber, der Mönch Nithard, zu. Und Bischof Cathwulf fügt hinzu: «Danke Gott, er lässt dich Europa beherrschen.» Der Dichter Angilbert besingt Karl den Großen als «König und Vater Europas».

Aber was ist Europa? Von Hamburg bis Katalonien, von Nantes bis Osnabrück reicht der Flickenteppich aus Grafschaften, Diözesen und geschrumpften Städten, den Karl von seiner neuen Hauptstadt Aachen aus zu regieren vorgibt. Paris hat nur viertausend Einwohner. Die Italiener in ihren weiten Gewändern haben wenig Ähnlichkeit mit den Provençalen in ihren Pumphosen und noch weniger mit den Franken in ihren engen Leinensäcken und Rattenfellwesten. Karls Untertanen können sich nicht miteinander verständigen, unzählige Mundarten haben sich entwickelt.

Zunächst muss wieder eine gemeinsame Sprache vorgeschrieben werden. Karl der Große entscheidet sich fürs Lateinische. Jagen kann er besser als lesen, aber wenigstens spricht er Latein und ein paar Brocken Griechisch. Er wäre gern ein Gelehrter. Er befasst sich mit Astronomie, diktiert eine deutsche Grammatik und sammelt alte germanische Dichtungen. Er «diktiert», sage ich, denn er kann nicht schreiben. Er versucht es, jedoch ohne Erfolg. Aber das macht nichts: Dafür hat er Beamte, Kopisten, eine Kanzlei. Aus Italien lässt er Sprachgelehrte holen. Und gebildete spanische Exilanten kommen auf der Flucht vor den Arabern mit ihren Manuskripten nach Aachen, Lyon und Turin. Mit Hilfe der Kultur will Karl ein europäisches Imperium errichten.

Aber diese Kultur und das Wissen müssen verbreitet werden. Der Frankenkönig wählt dafür eine perfekte Organisation aus, das einzige europaweite Machtgefüge, das den Sturz Roms überlebte: die Kirche. Die Kirche konnte sich ihren Reichtum bewahren. Ihre Äbte und Bischöfe sind ausgezeichnete Vermögensverwalter. Die Einzigen. Du musst dir ihre Macht klar machen: Die Kirche ist immer gut informiert, weil ihre Abteien und Klöster europaweit vernetzt sind. Sie hat nicht nur Einfluss auf die Gläubigen, auch viele Handwerker, Baumeister und Händler hängen von ihr ab, denn die Kirche ist reich und vergibt viele Aufträge. Kurzum: Sie ist eine politische Kraft, mit der zu rechnen ist.

Karl will sich von der Kirche nicht ausbooten lassen. Er festigt seine Autorität, indem er Abteien und Bischofsämter an

Getreue vergibt. Er verpflichtet die Klöster, Schulen zu gründen und nach besonders begabten Kindern Ausschau zu halten. Davon ist uns das Bild des die Schüler lobenden und tadelnden Karl geblieben, dieser alte Farbdruck fand sich noch in meinen Schulbüchern.

Glaub aber bloß nicht, dass das «Kulturpersonal» immer besonders geeignet ist. Zahlreiche Kopisten können ausschließlich kopieren, sie können nicht lesen, verstehen kein Wort Latein und begnügen sich damit, runde Bögen auf haariges Pergament zu malen. Doch im Großen und Ganzen funktioniert das neue System. Die Kirche benutzt Karl den Großen, und Karl der Große stützt sich auf die Kirche. Erstere will das Christentum verbreiten, Letzerer träumt von einer Einigung Europas.

Auf den Straßen nach Marseille und Rom trifft man noch auf Sklaventransporte.

In Italien kostet ein Sklave so viel wie ein gefütterter Mantel. Die geldgierigen Armeen machen in Böhmen Gefangene, um sie an die Händler zu verkaufen, die sie ihrerseits an die Kalifen von Bagdad oder den Emir von Córdoba liefern. Um solch üblen Geschäften Grenzen zu setzen, bestimmt Karl der Große, dass ein Sklavenkauf nur in Anwesenheit eines Bischofs getätigt und kein Christ an einen Heiden verkauft werden darf. Die Bischöfe sind einverstanden.

Die Kirche festigt ihre Macht, indem sie zur Bekämpfung der Zügellosigkeit die kirchliche Ehe und die Mitgift regelt und – damals schon – empfängnisverhütende Tränke verbietet. Denn ich muss dir leider sagen, mein lieber Alexandre, dass Europa damals ein riesiges Bordell ist: Anmacherei, Prostitution, Vergewaltigungen, Inzest, Bestialität. Um diese wüsten Gesellen zu regieren, bedarf es entsprechender Gesetze und einer einheitlichen Moral, meinen sowohl die Bischöfe als auch Karl der Große. Kirchliche Zeremonien werden erfunden, um die heidnischen Bräuche zu bekämpfen, die sonntägliche Messe wird für die Gläubigen Pflicht, ebenso wie die Beichte, bei der Geldbußen und Strafen in Form von Peitschenhieben verhängt werden. Die Reichen können sich Letzterem entziehen, indem sie sich gegen Geld von Armen vertreten lassen.

Karl der Große wiederum setzt auf seinen Reichsgütern Gerichte ein, die oft eigentümliche Strafgelder verhängen. Du hast der Frau deines Nachbarn den Bauch aufgeschlitzt? Dreißig Sous. Du hast den Arm einer Frau oberhalb des Ellbogens gedrückt? Fünfunddreißig Sous.

Und endlich die Belohnung: Im Jahr 800 wird Karl der Große vom Papst zum Kaiser des westlichen Imperiums gekrönt. Eine unglaubliche, glückliche Restauration.

Aber das Reich bleibt ungefestigt. Karl konnte weder die Währung noch die Messinstrumente vereinheitlichen. Zwanzig Jahre lang lebt seine Idee, dann fällt sie in sich zusammen, als er 814 stirbt. Denn die Karolinger hatten die schlechten Gewohnheiten der Frankenkönige beibehalten, die wie Chlodwig ihr Erbe auf die männlichen Nachkommen verteilten. Karls Enkel teilen sich Europa wie irgendeinen ganz gewöhnlichen Familienbesitz. Man intrigiert gegeneinander, zerfleischt sich. 843 wird im Anschluss an einen Krieg der Vertrag von Verdun (ausgerechnet Verdun, wo im Ersten Weltkrieg die verheerende Schlacht zwischen Frankreich und Deutschland stattfand) geschlossen, in dem das Reich zwischen Karl dem Kahlen, Ludwig dem Deutschen und Lothar aufgeteilt wird. Kaiser Karl erhält das Westfrankenreich (Francia occidentalis), Kaiser Ludwig das Ostfrankenreich (Francia orientalis) und Kaiser Lothar das dazwischenliegende Mittelreich – sein Lotharingen, ein von Friesland bis nach Italien reichender Landstrich (spöttisch als «Kegelbahn» bezeichnet) mit den Kaiserstädten Aachen und Rom.

Diese Aufsplitterung von Verdun ist die endgültige Trennung der germanischen von der romanischen Welt, es wird keinen gemeinsamen Herrscher mehr geben. Hier liegt der Ursprung übelster Konflikte bis hin zu unseren Weltkriegen und eins der Haupthindernisse für die europäische Einheit.

Die Franzosen sind nach wie vor überzeugt, dass Charlemagne ein französischer Monarch gewesen ist, während die Deutschen Karl den Großen für einen deutschen Kaiser halten. So stark sind auch heute noch die nationalen Vorurteile.

Und seit Karl dem Großen geht Europa, sobald sich ein Soldat einmischt, in Stücke oder verschanzt sich. Ich übertreibe, findest du? Schlag einen Geschichtsatlas auf und such nach den Europakarten. Die politischen Karten lassen die Regionen wie ein Puzzle erscheinen. Betrachte jene Karten, die die Verbreitung von Kunst und Waren abbilden: Du siehst das europäische Gebiet von heute. Die romanische Baukunst mit ihren einfachen und mächtigen Kirchen breitet sich von Winchester nach Cefalù und Salamanca aus, von Bordeaux nach Neapel ... Die gotische Kunst, die der Kathedralen, folgt denselben Wegen, von York nach Prag, von Köln nach Toledo. Eine großartige Architektur, wegen ihrer Schönheit, aber auch wegen ihrer Größe und als Ausdruck technischer Fertigkeiten. Die Kathedrale von Amiens hat eine Grundfläche von siebentausendsiebenhundert Quadratmetern und kann eine zehntausendköpfige Gemeinde aufnehmen. Das Chorgewölbe in Beauvais ist so hoch wie ein fünfzehnstöckiges Gebäude. Die Turmspitze des Straßburger Münsters ragt hundertzweiundvierzig Meter in die Höhe.

Das gotische Europa der Kathedralen vom 11. bis zum 14. Jahrhundert überwindet alle Grenzen. Die Baumeister ziehen von einem Land ins andere, tauschen ihr Wissen aus, organisieren sich in Bünden und entwickeln eine eigenartige, auf der Geometrie und den Geheimwissenschaften beruhende Kultur mit von Persern und Griechen beeinflussten Schwüren und Riten, die noch heute bei den Freimaurern lebendig ist.

Auch das Europa des Handels existiert. Ab dem 12. Jahrhundert wagen sich deutsche Händler bis nach Russland, dann auch nach Skandinavien vor. Schon bald gründen sie Kontore und Städte, Niederlassungen in London, Paris, Genua, Warschau ... Sie kontrollieren den internationalen Handel mit Fisch, Salz, Fellen, Getreide und Holz, Bier und Wein. Sie sind solidarisch organisiert, wählen ihre Vertreter, leisten sich Armeen und stellen eine ungeheure Finanzmacht dar: die Hanse, ein wahrer Gemeinsamer Markt in Nordeuropa, der mehr als vierhundert Jahre blühen wird.

Die großen mittelalterlichen Handelsmessen finden in Nowgorod, Frankfurt und Troyes statt.

Um nicht mehr den ständigen Schwankungen der Gold- und Silberkurse ausgesetzt zu sein, führen die Händler ein auf dem Vertrauen beruhendes System von Wechseln – das Äquivalent unserer Schecks – ein. Vom Warenhandel geht man über zum Geldhandel, der sich ebenfalls wenig um Grenzen kümmert.

Das Europa der Bankiers entwickelt sich.

Große Bankhäuser entstehen: in Florenz das der Medici, in Deutschland das der Fugger, in den Niederlanden, in England, Frankreich ... In Brügge wird die erste Börse gegründet. Kurz: Der Kapitalismus ist eine europäische Erfindung, New York City und Wallstreet hießen damals Augsburg und Florenz.

Wir sind im 15. Jahrhundert angelangt, in diesem von Fürsten und dynastischen Streitereien zerstückelten Europa, das jedoch von vielfältigen Netzen überspannt wird, die nach und nach eine Einheit bewirken. Und da entwickelt der menschliche – männliche wie weibliche – Geist in der wunderbaren Stadt Florenz seltsame neue Ideen: Das Individuum erwacht. Der Mensch taucht auf aus dem Kollektiv, der Anonymität der vergangenen Jahrhunderte. In Florenz treten selbstbewusste Künstler auf, die ihre Werke signieren, sich nicht mehr um Dogmen scheren, die Natur genießen und einen vorurteilslosen

Blick auf ihre Umgebung richten. Botticelli ist imstande, nackte Frauen zu malen, aber auch Dantes *Hölle* zu illustrieren. Die Stadt erlebt eine Epoche des Mordens und der Freiheit, wie Athen sie vor der Herrschaft Roms erlebt haben muss. Auch die Beziehungen zwischen Männern und Frauen werden freier – von beiden Seiten ist gleich viel Zärtlichkeit und List im Spiel. In den wohlhabenden Kreisen, die von dieser Entwicklung zuerst ergriffen werden, erhalten die Mädchen die gleiche Erziehung wie die Jungen.

Petrarca hatte den Weg bereitet.

Er war der Sohn eines an die Rhône gezogenen florentinischen Notars. Dem Wunsch seines Vaters entsprechend, studierte er in Montpellier Rechtswissenschaften, aber es langweilte ihn. Heimlich las er alle lateinischen Autoren, deren er habhaft werden konnte. Eines Tages entdeckte sein Vater die Bücher und warf sie ins Feuer. Großes Drama! Aber als der Vater Petrarcas Gesicht sah, verstand er, griff ins Feuer und rettete zwei Bücher: Vergils *Aeneis* und Ciceros *Der Redner*.

Im 14. Jahrhundert waren die meisten Europäer ungebildet, sie verwechselten die griechischen und lateinischen Autoren und Werke, die sie ohnehin nur in Bruchstücken lesen konnten. Petrarca ließ die Antike wieder aufleben. Er spürte den alten Texten nach, die tausend Jahre Invasionen und Kriege überlebt hatten, forschte in Bibliotheken, in Mailand, in Ferrara, folgte Gerüchten, täuschte sich, wurde fündig und kopierte. Erst graste er die Toskana ab, dann ganz Europa, bis hin nach Griechenland, wo er sechzehn unbekannte Dialoge Platons auftrieb, die er aber nicht übersetzen konnte.

Wer bewahrte die kostbaren Bücher auf? Die Mönche. Sobald Petrarca auf seinem Weg ein Kloster sah, stürzte er hin, verschaffte sich Zugang zur Bibliothek, sammelte die Handschriften, lieh sie aus, um sie abzuschreiben. Das brachte oft Probleme mit sich. In Lüttich fand er zwei Texte von Cicero, hatte aber einige Mühe, sie abzuschreiben – die belgische Tinte war hell wie Safran. Anderswo hatten die unwissenden Mönche das Pergament in Stücke geschnitten, um damit ihre Marmeladentöpfe abzudecken, oder sie hatten die oberste Schicht abgekratzt, um endlos immer wieder dieselben Bibelverse darauf zu schreiben.

Bald war Petrarca nicht mehr allein, der junge Boccaccio kam ihm zu Hilfe, ein großer, rundschädeliger Rotschopf, ebenfalls vom Studierfieber befallen. Eines Tages zwang sich Boccaccio durch das Tor des Klosters von Monte Cassino zwischen Rom und Neapel.

«Würdet Ihr mir die Bibliothek öffnen?», fragte er.

Nicht nötig, die Türen schlugen im Wind, die Bibliothek war ein Speicher voller Ratten, auf den Büchern wuchsen Pilze. Überall Staub, herausgerissene Seiten.

«Warum habt Ihr die Ränder abgerissen?»

«Die Ränder?», antwortete ein Mönch. «Ach, daraus machen wir Amulette für die Damen.»

Verdammt! Aber Boccaccio konnte aus dem Haufen noch Fragmente von Tacitus retten. Stell dir vor, wie er sich fühlte: Seit den Römern hatte niemand mehr dessen *Jahrbücher* gelesen, die Geschichte der ersten Jahre des Römischen Reichs.

Durch die Wiederentdeckung der alten römischen und griechischen Schriften beginnt in Florenz die Renaissance – die Wiedergeburt der Antike.

Die Italiener reisen viel. Sie begegnen den Flamen, die die Ölmalerei erfunden haben, und lehren sie die Kunst der Perspektive und des Details. Die Landstraßen sind voller Hausierer und Studenten, die sich unter die Pilger mischen. Man reist langsam, fünf Wochen von Paris nach Neapel, achtzehn Tage von London nach Lyon. Aber das macht nichts: Die Künste und die Lebensart von Florenz und Brügge dringen bis nach Rom und Paris vor. Die Maler beschränken sich nicht mehr nur auf religiöse Themen, sie malen Porträts, Stillleben, Alltagsszenen.

Man wird kultivierter, isst mit Gabeln, lebt nicht mehr in einem Raum mit den Tieren, liest die Abfälle vom Boden auf, polstert die Betten. Die Renaissance verbreitet ihre Ideen und Werke von ihrem Geburtsland Italien aus in ganz Europa. Der Niederländer Erasmus lernt in Italien Griechisch, um es dann in Cambridge zu lehren. Die Brüder Van Eyck, die bedeutendsten flämischen Maler, sind mit Giotto bekannt. Franz I. lässt seine Schlösser von italienischen Architekten bauen.

Leonardo da Vinci erfindet Unterseeboot, Fallschirm, Zirkel und Wohnsiedlungen. Der technologische Fortschritt fördert den Austausch aller Art. Inzwischen stehen Seekarten und Kompasse zur Verfügung. 1492 «entdeckt» der Genueser Seefahrer Christoph Kolumbus Amerika. Und es beginnt der Siegeszug der Druckkunst: Vom Ende des 15. Jahrhunderts an werden Tausende von Werken in Nürnberg, Lyon und Venedig gedruckt. Die Drucker haben überallhin Geschäftsverbindungen.

Ob sich Europa damals eine Gelegenheit entgehen lässt, auch zu politischer Einheit zu finden? Am 28. Juni 1519 müssen sieben stimmberechtigte Kurfürsten in Frankfurt den neuen deutschen Kaiser bestimmen. Das Heilige Römische Reich deutscher Nation sieht sich in der Nachfolge Karls des Großen als Erbe Roms, obwohl es nur ein – recht lockerer – Zusammenschluss deutscher Potentaten ist. Zwei Kandidaten stehen zur Wahl: Franz I., König von Frankreich, und der spätere Karl V., König von Spanien. Du denkst dir zwei bärtige Alte? O nein, Franz ist fünfundzwanzig, Karl neunzehn Jahre alt.

Stell dir nur vor, welche geschichtlichen Umwälzungen es für uns bedeutet hätte, wenn ein französischer König zum deutschen Kaiser gewählt worden wäre! So eine französisch-deutsche Achse kann weit reichen. Noch dazu wäre es eine Vereinigung ohne Gewalt, Krieg oder Annexion gewesen. Aber man wählt Karl V. Der Augsburger Bankier Fugger hat Stimmen für den spanischen König gekauft. Das Europa Karls V., eines Fürsten mit hehren Absichten, bleibt Stückwerk. Es wird von Frankreich geteilt. Und wird nicht länger leben als sein Kaiser.

1521, mit der Exkommunikation Luthers, bröckelt auch die letzte, für ganz Europa einheitliche Institution: die Kirche. Die Christenheit teilt sich in Katholiken und Protestanten, die sich bald an die Gurgel gehen. Wie soll sich der Hochadel einigen, wenn die Kirche keinen gemeinsamen Rahmen mehr bietet?

Sieh noch einmal von allen politischen und militärischen Ränken und den religiösen Konflikten ab. Was bleibt, ist der Traum der Renaissance, der das ganze zivilisierte Europa zur selben Geisteshaltung erhebt. Man gibt die Jenseitshoffnungen des Mittelalters auf, begeistert sich für den irdischen Fortschritt, schafft eine neue Architektur, eine städtische Kultur, sucht die Zukunft in Wissenschaft und Vernunft. Europa hat hier seinen wichtigsten Wert gefunden, der Denken und Handeln bis in unsere Gegenwart hinein wandelte. Er trägt den schönen Namen «Humanismus».

Mit seinen Errungenschaften in Wissenschaft und Technik und den fortschrittlichen Formen des gesellschaftlichen Zusammenlebens (Städtebau, Verwaltung, Kultur) hat das Europa der Renaissance den Anschluss an andere Hochkulturen – am Indus, in China und Ägypten, bei den Inkas, in Rom und Byzanz, Bagdad und Córdoba – geschafft. Aber all diese anderen Hochkulturen stagnierten irgendwann, um dann Niedergang und Verfall zu erleben. Ein guter – und in der Geschichte der Menschheit und der Nationen einzigartiger – Geist ließ Europa diese Prüfung bestehen: Der Verfall blieb aus. Unablässig trieb Europa seine Entdeckungen und Entwicklungen voran und veränderte dabei die ganze Welt.

Welcher Funke war es, der den anderen gefehlt hatte?

Schwer zu sagen.

Wahrscheinlich die Entdeckung der Individualität und des Humanismus. Die Einschränkung der kirchlichen Macht. Die

Abschaffung der Sklaverei: Massive Knechtung von Menschen lähmt die Intelligenz und verhindert deren Gebrauch. Im ptolemäischen Ägypten erfand ein gewisser Heron von Alexandria die Dampfmaschine. Man könne damit das Wasser aus den Brunnen fördern, schlug er vor. Man lachte ihn aus: Wozu brauchte man eine komplizierte Maschine, wenn man doch, um einen Schlauch mit Wasser zu füllen, lediglich drei Sklaven peitschen musste? Und für mehr als zweitausend Jahre vergaß man die Dampfmaschine. Wie viele andere auch waren die Ägypter davon überzeugt, über alles im Himmel, auf Erden und in der Hölle bereits völlig informiert zu sein. Europa hingegen glaubte immer an den Fortschritt.

Unseren Aufschwung verdanken wir nicht nur den Erfindungen.

Schließlich kannten die Chinesen das Schießpulver und den Kompass früher als wir, haben jedoch wenig Gebrauch davon gemacht. Vor unvordenklichen Zeiten hat Asien Amerika entdeckt und sogar bevölkert – ohne daraus irgendeinen Nutzen zu ziehen.

Nichts wäre möglich gewesen ohne diese Schritt für Schritt eroberte Freiheit in den Städten und Marktflecken. Das entstehende Bürgertum hat sich dem Zugriff der Bürokratien seiner Herrscher zu entziehen gewusst; mit zunehmendem Handel und ausgedehnteren Kontakten verbreitete sich auch die Kultur. Insgesamt allerdings waren unsere königlichen Verwaltungen, verglichen mit denen der Chinesen und der Inkas, ziemlich bescheiden. Du wirst es kaum glauben: Unter dem zentralistischen Ludwig XIV. passten alle für die französischen Regionen zuständigen Beamten in die beiden kleinen Pavillons am Eingang zum Schloss von Versailles.

Dieses Mal konnte die Geschichte die in der Renaissance entstandene Freiheit nicht ersticken. Vom 15. Jahrhundert an tritt Europa in eine neue Welt ein.

Die dritte Wiedergeburt Europas vollzieht sich im Geist der Aufklärung. Sie nimmt ihren Ausgang in Frankreich: Im 18. Jahrhundert ist Europa französisch und Frankreich kosmopolitisch. Der Schotte Law und der Schweizer Necker werden in Paris in Ministerämter berufen, der Dramatiker Beaumarchais lässt seine Komödien in Amsterdam drucken. Diderots Bücher werden im doppelten Boden eines Heringsfasses nach Südamerika geschmuggelt. Derselbe Diderot berät die Zarin Katharina die Große in Russland. Voltaire unterhält Beziehungen zu Friedrich dem Großen (der zeitlebens die französische der deutschen Kultur vorzieht und sogar französische Gedichte verfasst), Rousseau bestärkt die Polen und Korsen. Franzosen aus der Auvergne zieht es ins spanische Kastilien, Savoyer findet man in Österreich und deutsche Bergwerksingenieure in England. Um die schwedische Metallindustrie kümmern sich die Wallonen. Der große Komponist Händel reist nach Neapel. Der Organist in der bretonischen Stadt Vannes stammt aus Lüttich. Mozart entdeckt in London die Musik der Italiener. Eine irische Kolonie siedelt sich im spanischen Cádiz an, vierzigtausend Deutsche in der Ukraine.

Jean-Jacques Rousseau lässt sich trotz seines Misstrauens gegenüber einem Weltbürgertum à la Voltaire zu dem Ausruf hinreißen: «Heute gibt es keine Franzosen, Deutschen, Spanier und sogar Engländer mehr, was immer man auch behaupten mag; heute gibt es nur noch Europäer.»

Das Streben nach Universalität gehört zum guten Ton.

Wie schon in der Renaissance beschäftigt man sich mit allem: Theologie und Sprache, Mathematik und Geschichte. Voltaire stellt chemische Experimente an und veröffentlicht wissenschaftliche Handbücher. Die Europäer werden von einer Lexikographie-Manie ergriffen; Diderot bringt mit seinen Philosophenfreunden die große – und erste – *Encyclopédie* heraus, eine Zusammenfassung aller Erkenntnisse und technischen Errungenschaften des Jahrhunderts. Die Enzyklopädie wird zum Symbol der Aufklärung, die die ganze Welt erhellen soll.

Europa – zu dem auch das von Sankt Petersburg aus regierte Russland gehört – dominiert die Welt. Es hat die beiden Amerikas endgültig kolonialisiert. Die Europäer werden eingebildet. Sie halten sich für besser und klüger als die anderen; sie wundern sich, dass die «Wilden» Amerikas kein Lammragout mögen und singen, wenn sie Schmerzen leiden, oder dass die Inder den Gebrauch eines Taschentuchs abstoßend finden. Wie kann man nur das Chinesische aussprechen? Die Zähne dieser Leute müssen anders stehen. Man erdichtet sich eine schmeichelhafte Herkunft, behauptet, das Wort «Europa» stamme aus dem Phönizischen und bedeute «blasses Gesicht».

Wie einst die Florentiner halten die großen Geister der Aufklärung nicht viel von kriegerischem Heldentum. Die weltliche Kultur ersetzt ein für alle Mal die christliche, die Städte bilden sich nicht mehr um die Kathedrale herum, sondern gruppieren sich um Schlossplatz, Marktplatz, Theater oder Börse.

Voltaire und die Philosophen fallen über die Religion, besonders über die Priester, her. Wer aufgeklärt ist, verachtet Vorurteile, überkommene Glaubensvorstellungen, Roms Autorität, die Intrigen der Jesuiten, die «Dummheit» der Mönche. Die massiven Angriffe wirken sich aus: In Europa, vor allem in Frankreich, verliert das Christentum an Boden. Die Argumente haben eine solche Reichweite, dass sie in der Kirche selbst einschlagen: Es gibt Freidenker unter den Bischöfen und Atheisten unter den Pfarrern. Die Aufklärung läutet das Zeitalter von Vernunft, Freiheit und menschlichem Glücksstreben ein.

Freiheit – danach verlangt auch das Wirtschaftsleben. Händler, Bankiers und Fabrikanten werden immer wichtiger. Sie setzen pazifistische Wertvorstellungen durch: Reisen und Handeln kann man am besten im Frieden. Reichtum und Überfluss sollen die natürlichen Folgen dieser Freiheit sein, die neben den Philosophen nun auch die ersten Ökonomen verlangen.

Das Französische tritt als Sprache der Wissenschaft und Diplomatie an die Stelle des Lateinischen. Auf Französisch verbreitet sich das englische Gedankengut, der Parlamentarismus. Goethe schwankt zwischen dem Deutschen und dem Französischen. Spanische Adelige studieren in Toulouse. Der Piemonteser Denina wagt die Behauptung, das Italienische sei zur toten Sprache geworden. Am preußischen Hof ist Französisch Vorschrift; in den führenden Familien Ungarns, Rumäniens und Russlands verlernen die Kinder ihre Muttersprache. Gallizismen wuchern in den europäischen Sprachen, *lit de camp* – die französische Bezeichnung für das Feldbett – übernehmen die Niederländer als *ledekant*, die Deutschen ruhen sich im Fauteuil und auf der Chaiselongue aus …

Aber die kulturelle Vorherrschaft Frankreichs geht mit dem 18. Jahrhundert zu Ende. England fordert Revanche. Es verweigert sich der Pariser Mode, dann der französischen Sprache und Kunst, indem es ein Gegenmodell zum leichtfertigen Franzosen schafft: den Gentleman als Maß der neuen Lebensart. Das Roastbeef schlägt Frikassee und Ragout. Chic ist jetzt der Londoner Chic: Die Herren tragen Redingote, die Damen flache Absätze. Auch in Frankreich lässt sich eine Art Umkehrung der Moden feststellen, die Franzosen trinken nun wie die Briten Tee und gehen zum Pferderennen. Und dem sehr anglophilen Voltaire wird zu seiner großen Überraschung eines Tages vom Kellner «Hammel-Roastbeef» angeboten.

Natürlich spielen bei dieser Bewegung auch geschäftliche Interessen eine Rolle. «Buy British», sagen die den Welthandel dominierenden Briten. «Kauft deutsch» die Deutschen, die sich ins Hochmittelalter zurücksehnen. Sie finden das Französische zu oberflächlich, zu anfällig für die Lüge, zu gewählt, zu geschliffen – ungeeignet für die Philosophie. Andere tun es ihnen nach. Katharina die Große von Russland lässt Kosmetika zurückgehen, weil der Händler sie in Paris gekauft hat. Ein spanischer Jesuit beklagt, seine Muttersprache habe sich mit der «Franzosenkrankheit», der Syphilis, infiziert.

Und dann bricht die Revolution aus.

Als der französische König von der Volksversammlung und vom Volk gefangen gesetzt wird, reagieren die übrigen europäischen Staatsoberhäupter mit Härte. Sosehr sie die Schriften Voltaires und der anderen Aufklärer liebten – wenn deren Forderungen nach Menschenrechten derartige Umwälzungen zur Folge haben, sind sie verdächtig. Preußen führt sofort die Zensur wieder ein. Die Grenzen werden geschlossen: Bislang genügten ein einfaches Dokument und ein harmloses Gesicht, wenn man sie überschreiten wollte; ab sofort wird ein Pass verlangt, der Reiseverkehr von den Behörden überwacht. Katharina die Große lässt Intellektuelle festnehmen und verbietet die Bücher der fortschrittlichsten Philosophen. In Spanien lebt für kurze Zeit die Inquisition wieder auf. Außer England, das liberal bleibt, verändern sich alle europäischen Staaten zu ihrem Nachteil: Die Staatswesen werden zentralisiert, die Polizeikräfte ausgebaut, überall nimmt die Verwaltung zu, auch an Macht.

Der Krieg bricht aus.

Die Französische Revolution hat Europa zerbrochen.

Napoleon, Hitler, Stalin – Europas Dämonen?

Keine Angst, ich werde dir nicht die Geschichte dieser drei erzählen. Zu diesem Thema gibt es genug gute Bücher – und ebenso viele schlechte: Du hast die Wahl. Aber Napoleon zerriss Europa, als er es zu schaffen glaubte. Hitler nötigte uns eine Annäherung unserer Völker auf, weil er sie unterjochen wollte: Paradoxerweise war er der negative und dämonische Begründer des europäischen Hauses. In den Ruinen von 1945 mussten wir seinem Wahn entgegenhandeln und die gewohnten Kriegsmechanismen außer Kraft setzen. Und was Stalin angeht: Da er nicht ganz Europa beherrschen konnte, hat er sich ein eigenes im Osten eingerichtet, dessen Völker seit dem Fall der Berliner Mauer auf die Aufnahme in unsere Gemeinschaft hoffen.

Aber Napoleo

Zurück zur Revolution und zu Napoleon, die ein Europa à la française durchsetzen wollten. Schon 1789 hatte die Revolution die bedrohten europäischen Monarchien zusammenrücken lassen. Das revolutionäre Frankreich erklärt Österreich im April 1792 den Krieg. Preußen stellt sich auf die Seite Österreichs, dann auch England. Von nun an herrscht ungeachtet einiger

Kompromisse und Verträge Krieg auf unserem Kontinent, der erst 1815 mit Napoleons endgültiger Abdankung enden wird.

Man muss sie sich vorstellen, unsere von diesem grandiosen Kampf begeisterten französischen Revolutionäre. Sie halten sich für Römer. Nicht aus dem kaiserlichen, sondern aus dem republikanischen Rom. Brutus, der Mörder Caesars, wird bewundert. Man schneidet sich das Haar à la Titus, das heißt ziemlich kurz. Man gibt sich lateinische Vornamen: Gracchus, Agricola, Petrus, Markus ... Man verzichtet auf die zu aristokratisch wirkenden seidenen Kniehosen und schlüpft in moderne Hosen, zu denen man jedoch eine antike phrygische Mütze trägt, das Symbol des freigelassenen Sklaven. Wie in Rom wird das Wappen der Republik von zwei Liktorenfasces, Beilen in Rutenbündeln, eingerahmt.

Unter der Regierung des Direktoriums* lebt in der Architektur, im Mobiliar und in der Dekoration, sogar in den Frisuren und Damenkleidern, wieder ein römischer Stil auf. Strenge und Ausschweifungen des Römischen Reiches werden parodiert. Die Mitglieder des «Conseil des anciens», einer Art Senat, hüllen sich in Togen.

zerriss Europa ...

Unwahrscheinlich tapfere Armeen tragen die Ideen der Revolution über die Grenzen, allerdings weniger die Menschenrechte als den Hass auf die Tyrannen und den Adel.

* Diese Regierung bestand in Frankreich vom 26. Oktober 1795 bis zum 9. November 1799; sie wurde durch den Staatsstreich Napoleons gestürzt.

Das verbündete aristokratische Europa greift die Französische Republik an, diese setzt ihm ein Europa der Völker entgegen. Ganz oder teilweise annektiert sie die französischsprachigen Länder; andernorts gründet sie im Siegesfall Schwesterrepubliken. Bis etwa 1798 hat Frankreich seinem Staatsgebiet Savoyen, die Grafschaft Nizza und das Fürstentum Monaco, einen Teil Flanderns und die linksrheinischen Gebiete sowie einen Teil der Schweiz einverleibt: vierzehn neue Departements. Brüssel, Lüttich, Luxemburg, Aachen, Köln, Mainz und Koblenz gehören zur Republik.

Und ringsum im Norden und Osten die Schwesterrepubliken: die nach der Eroberung der Niederlande gegründete Batavische Republik, eine Zisalpinische (Mailand), eine Ligurische (Genua), eine Helvetische (Teile der Schweiz) und eine Römische Republik. In Süditalien gab es sogar vier Monate lang eine Parthenopäische Republik: Unsere Revolutionäre, die die Antike so sehr liebten, hatten den alten Namen der Stadt Neapel wieder ausgegraben.

Alles sehr instabil, wie du dir denken kannst.

Die Republikaner in Paris meinten, man müsse nur die Tyrannen – sprich Könige – beseitigen, dann würden sich die endlich befreiten Völker der Revolution schon anschließen. Aber es kam anders. Zwar begrüßten die Liberalen, die Verschwörer, die Voltaire- und Rousseauanhänger aller Länder und besonders der – wie in Italien – zuvor von Österreich besetzten Gebiete die Franzosen zunächst als Befreier. Aber diese Liberalen waren nicht besonders zahlreich. Die katholische Bevölkerung ließ sich weiterhin von der gegenrevolutionären Kirche beeinflussen.

Und vor allem saß die Französische Republik auf dem Trockenen: Sie plünderte die eroberten Länder, um den Krieg zu finanzieren, sie erpresste Geld von der Bevölkerung, zwang die Männer in die Armee, unterdrückte alle Aufstände. Der gute Ruf der Franzosen überdauerte keine Woche. Sie organisierten

Wahlen, die sie dann fälschten; sie übertrugen die Regierungsgeschäfte absoluten Minderheiten.

Und sie führten ihre Riten ein:

Revolutionsgerichte und Erschießungen.

Die armen Schwesterrepubliken entstehen und verschwinden je nach Sieg und Niederlage, die Preußen und Österreicher dringen vor und werden zurückgedrängt. Die große Zeit von Rache, Verrat und Bürgerkrieg. Keines dieser Staatsgebilde konnte nach dem Ende der französischen Besatzung weiter existieren.

Die Westeuropäer hätten immer Römer gespielt, so wie die Kinder gern Vater und Mutter spielen, schrieb einst der Schriftsteller Emmanuel Berl. Für Napoleon gilt das noch mehr als für andere. So mimte er zunächst in Ägypten Antonius ohne Kleopatra. Als er sich mit seiner Armee in Kairo festsetzte, träumte er von weiß Gott welcher orientalischen Krone, versuchte sich nach Palästina auszubreiten und hatte wahnhafte Vorstellungen von Feldzügen, die ihn bis nach Indien führen sollten. Und immer dieselbe Geschichte: Bei der Ankunft noch als Befreier gefeiert, wurde er bald als Unterdrücker erkannt und daher gezwungen, seine Hoffnungen und seine Truppen unter dem gemeinsamen Druck des unzufriedenen Volks und der englischen Flotte aufzugeben.

Er wurde zum Ersten Konsul – noch so ein römischer Titel – ernannt, hielt sich für Caesar und Augustus und setzte in Europa die Eroberungspolitik fort, die er schon als republikanischer General begonnen hatte. Wie Karl der Große ließ er sich vom Papst zum Kaiser krönen. Und gründete anstelle der Schwesterrepubliken «verbrüderte» Königreiche.

Sie waren wirklich miteinander verbrüdert, denn Napoleon setzte seine eigenen Brüder auf die nach den Siegen aufgestellten Throne: Joseph Bonaparte, König von Spanien; Louis, König von Holland; Jérôme, König von Westfalen. Seine

Schwester Élisa, die bereits Fürstin von Piombino und Lucca war, machte er zur Großherzogin der Toskana; die mit dem General Murat verheiratete Caroline wurde Königin von Neapel. Napoleon krönte den Schwager von Joseph Bonaparte, Bernadotte, zum König von Schweden. Sich selbst erklärte er zum König von Italien und machte seinen Stiefsohn Eugène de Beauharnais zum Vizekönig. Seinem eigenen Sohn Napoleon verlieh er bei dessen Geburt den Titel «König von Rom».

Zum ersten Mal seit dem Jahr 800 ist ein politisch geeintes Europa geschaffen worden, wenngleich auf eher eigentümliche Weise.

Das napoleonische Europa erstreckt sich weiter nach Nordosten als unter Rom und weiter nach Süden als unter Karl dem Großen. Preußen und Österreich sind unterworfen, Russland ist – zwangsweise – zum Bündnispartner geworden. Um alles perfekt zu machen, heiratete Napoleon auch noch die Erzherzogin Marie-Louise, eine Tochter des deutschen Kaisers Franz II., den man zum einfachen Franz I. von Österreich degradiert hatte.

Aber diesem Europa fehlte ein wichtiger Teil: England.

Das Vereinigte Königreich war von Anfang an der entschlossenste Gegner erst der Republik und dann des napoleonischen Kaiserreichs Frankreich. Was nicht bedeutet, dass England den Kontinent, von dem es sich schon lange fern gehalten hatte, dominieren wollte. Die Ideen Caesars, den Gedanken an ein Reich, Einheit, eine mehr oder minder umfassende Föderation fand es – wie gewöhnlich – ziemlich uninteressant. Es wollte nur nicht bedroht werden. Ihm missfiel, dass Frankreich die ihm nahe gelegenen Küsten Belgiens und Hollands besetzt hielt. Englands Flotte beherrschte die Meere, dort sah es seine Zukunft.

Frankreich hatte nicht die Mittel, die Britischen Inseln zu

überrollen; England war genauso wenig in der Lage, sich dauerhaft auf dem Kontinent festzusetzen. Ein Kompromiss war also möglich: 1802 wurde der Frieden in Amiens unterzeichnet.

Äußerstenfalls hätte England zugelassen, dass Napoleon den Kontinent neu ordnete, solange es gemäß den Grundsätzen des freien Handels, die es heute noch vertritt, Zugang zum großen europäischen Markt gehabt hätte. Aber Bonaparte wollte überall den Absatz der französischen Erzeugnisse fördern. Da er die britischen Häfen nicht schließen konnte, verfügte er die Kontinentalsperre, einen gigantischen und oft vergeblichen Versuch, allen englischen Produkten den Zugang zum neuen Europa zu verwehren. Aber England gab sich nicht geschlagen. Nach und nach baute es die einstige Koalition zwischen Russland, Preußen und Österreich wieder auf, die schließlich zu Napoleons Sturz führte.

Frankreichs Einfluss auf das von ihm beherrschte Europa war nicht durchweg negativ. Napoleon erließ für diese riesige Bevölkerung – 82 Millionen – den Code civil, das heißt ein vom römischen Recht beeinflusstes einfacheres und gerechteres Gesetz. Er beseitigte das Feudalsystem und führte eine zentralistische Verwaltung ein, die weniger absurd war als die der Barone und Fürsten. In dieser Hinsicht darf man ihn nicht mit Hitler vergleichen, was viele Europäer unüberlegt tun: keinerlei Rassismus, keine Absicht, ein ganzes Volk auszulöschen, keine Konzentrationslager und hinter all dem Pomp und den Gewehren des Kaiserreichs – geschwächt, aber dennoch lebendig – die Ideen der Revolution.

Und diese Ideen trugen sehr zum Scheitern Napoleons bei. Die europäischen Völker erfuhren von den Franzosen, dass sie ihre Geschicke eigentlich selbst hätten bestimmen müssen, dass eine Nation nicht von einer anderen unterdrückt werden solle. Kurz: Der französische Imperialismus weckte überall den Nationalismus beziehungsweise ließ ihn wieder aufleben, und zwar einen antifranzösischen Nationalismus.

Erst in Spanien und Portugal, dann in Russland, das die in einen furchtbaren Winter geratene *Grande Armée* verjagte, dann in Preußen, das seinerseits rebellierte, dann in Österreich, Italien ... Zersplitterte Bevölkerungen entdeckten den Patriotismus.

Mit der *Grande Armée*, die sich in den eisigen russischen Ebenen und in Mitteleuropa aufrieb, ging zugleich das napoleonische Europa in Stücke. Nicht nur, weil sie die Hauptstütze eines vor allem militärischen Reiches war, sondern weil sie mit ihren Soldaten aus allen Nationen eine wirklich europäische Armee war. Jeder deutsche, italienische, polnische oder schweizerische Soldat, der aus dem Heer Napoleons desertierte, bewies, dass der Zusammenhalt der Armee und damit des napoleonischen Reiches nur auf Siegen und Zwang beruhte. Rückzug und Niederlagen bewirkten dessen völlige Auflösung.

Zweimal, 1814 und 1815, musste Napoleon abdanken. Paris wurde von den Koalitionsmächten besetzt. Zum ersten und letzten Mal konnten russische Kosaken ihre Pferde an den Brunnen der Place de la Concorde tränken. König Ludwig XVIII. von Frankreich bestieg wieder den Thron.

In Wien zeichneten die versammelten Monarchen die Europakarte neu. Sie hofften, sie würden die Uhr der Geschichte auf einen Zeitpunkt vor der Revolution zurückstellen können, wenn sie die Königreiche an ihre früheren Oberhäupter zurückgäben. Aber die Zeit lässt sich nicht zurückdrehen: Es kam ganz anders.

Als Gefangener auf Sankt Helena behauptete Napoleon noch – zu Recht oder zu Unrecht –, einer seiner größten Gedanken sei der des Zusammenschlusses gewesen, die geographische Zusammenführung der von den Revolutionen und der Politik auseinander gerissenen Völker. Dazu sei nun der Anstoß gegeben, und er glaube nicht, dass nach seinem Sturz andere langfristige Gleichgewichte möglich seien ohne die Zusammenführung und den Zusammenschluss der großen Völker.

Im 19. Jahrhundert löst sich sogar der Europagedanke in Luft auf. Einen Begriff, der uns bis heute prägt, solltest du dir merken: Nationalstaat. Ein Volk, eine Regierung, ein Patriotismus. Von 1815 bis 1914 entsteht nach dem Vorbild Frankreichs eine Reihe von Nationalstaaten: Belgien, der friedlichste, Griechenland, das sich von den Türken befreit, Italien, das sich vereinigt und die österreichischen Besatzer verjagt, das von Preußen nach seinen Siegen 1866 über Österreich und 1870 über Frankreich vereinte Deutschland, Serbien, Rumänien, Bulgarien ... Spanien und Portugal haben ihre alten Könige wieder.

Zu Beginn besingt der Patriotismus die Unabhängigkeit, die volkstümlichen Wurzeln. Unter solchem Banner gibt er sich einen natürlichen, netten Anstrich. Bald wird er zum beherrschenden Gefühl, das sich langsam mit Rachsucht, Fremdenfeindlichkeit und Aggression auflädt. Jeder blickt auf den Nachbarn herab und sinnt auf dessen Schwächung. Die Heimaterde verteidigen, das Fremde verachten, Krieg führen: Schnell entwickelt sich eins aus dem anderen.

Einige Utopisten protestieren. Die Saint-Simonisten, seltsame vormarxistische Sozialisten, glauben, der Ausbau des Eisenbahnnetzes könne Kriege verhindern: Man werde so schnell von einem Land ins andere reisen können, dass sich die Völker anfreunden würden. Victor Hugo ist davon überzeugt, dass Flugmaschinen die Grenzen aufheben müssten: Wie soll man zwischen den Staaten trennen, wenn der Himmel allen offen steht? Die Saint-Simonisten und Victor Hugo hatten nicht bedacht, dass Züge auch Truppen befördern und Flugzeuge auch Städte bombardieren können.

Überall wird durch den technischen Fortschritt nicht nur die Lebensweise verändert, sondern zugleich die Rüstung verbessert.

Als das Ottomanische Reich die Serben abschlachtet, appelliert Victor Hugo an Europa: «Mögen auf die uneinigen Regierungen die einigen Völker folgen. Schluss mit den mörderischen Reichen. Die Gräuel in Serbien beweisen unzweideutig, dass Europa eine europäische Nationalität, eine geeinte Regierung, ein riesiges, brüderliches Schiedssystem braucht, wobei alle Schwesternationen ihren Hauptsitz in Paris hätten – die Stadt der Aufklärung wäre die Hauptstadt der Freiheit. Mit einem Wort: Die Vereinigten Staaten von Europa, das ist das Ziel, das ist der Hafen.»

Paris, Hauptstadt Europas? Pah! Man erinnert sich noch zu genau an Napoleon I. Niemand hört auf Hugo. Die Staaten setzen lieber auf ihre Allianzen, ihren Handel, ihre Armeen und ihren Zynismus.

Und doch gibt es zwei Spuren Europas auf dem Kontinent.

Zum einen den völlig in Vergessenheit geratenen, aber im Hinblick auf den erst kürzlich eingeführten Euro erstaunlich frühen Versuch einer Währungsunion. Kaiser Napoleon III. von Frankreich erinnerte sich sehnsuchtsvoll an den fünf Gramm Silber enthaltenden *Franc germinal,* der nach den Siegen seines Onkels Napoleon I. in ganz Europa Verbreitung fand. Diese sehr stabile Währung hatte die Niederlage von 1815 überlebt und war in vielen Ländern noch lange in Umlauf. Der belgische Franc von 1832, der Schweizer Franke von 1850 und die italienische Lira von 1862 koppelten sich an den französischen Franc: Die Währung jedes der vier Länder galt nun auch in den drei anderen als legales Zahlungsmittel – die Lateinische Münzunion. Aber dann sinkt der Goldpreis und der des Silbers steigt. Das Gleichgewicht ist bedroht.

1865 wird in Paris verhandelt, 1867 noch einmal.

Zweiundzwanzig Länder nehmen an den Verhandlungen teil. Es herrscht grundsätzliches Einvernehmen über eine gemeinsame Recheneinheit. Einige sprechen sogar von einer einzigen Währung, andere ziehen eine bloße Abstimmung der nationalen Währungen vor. Letztere setzen sich durch und dehnen das System der Lateinischen Münzunion auf Griechenland, Spanien und etwa fünfzig andere Länder aus. Aber das schon damals europaskeptische England lehnt ab: Es will die Unabhängigkeit seines starken Pfunds bewahren.

Preußens Sieg über Frankreich 1870 und die Einführung der Mark erschüttern die kleine Münzunion, die von Konferenz zu Konferenz einen langsamen Tod stirbt. Frankreich und England hatten weniger Mühe, sich auf eine gemeinsame, gegen Russland gerichtete Militäraktion in der Krim (1854 – 1855) zu einigen. 1900 schlossen sie sich ohne Zögern Deutschland und Amerika an, um den Boxeraufstand in China niederzuschlagen. Es scheint leichter, sich über gemeinsame Kriegs- als über Friedensmaßnahmen zu verständigen.

Und noch ein anderes, sagenhafteres Europa verbindet unsere Länder, mit Ausnahme Frankreichs, bis heute: das der Königin Victoria, das einzige englische Europa. Diese große Monarchin deutscher Herkunft regierte Großbritannien von 1837 bis 1901 – vierundsechzig Jahre lang! Sie hatte einen deutschen Prinzen geheiratet, ihren Vetter Albert von Sachsen-Coburg. Sie regierte nicht nur ihr Reich, sie war auch eine leidenschaftliche Ehestifterin. Zwar gelang es ihr nicht, eine ihrer Töchter mit dem Herzog von Montpensier – dem Sohn des französischen Königs Louis-Philippe – zu verbinden; aber sie brachte ihre Sprösslinge an allen europäischen Höfen unter. Der deutsche Kaiser Wilhelm II. war ihr Enkel und der russische Zar Nikolaus II. ihr Cousin. Die belgischen Könige sind wie die ehemaligen Könige von Bulgarien und Rumänien deutscher Herkunft. Die Königin von Spanien ist eine griechische Prinzessin, auch ihre Familie hat deutsche Wurzeln. Die Mountbattens und mit ihnen Prinz Philip, der Vater des heutigen britischen Thronerben Charles, sind gebürtige Battenbergs von Hessen-Nassau.

Noch vor einigen Jahren konnten alle Nachkommen der Königin Viktoria, ganz gleich, wo sie waren, automatisch einen britischen Pass erhalten, was für die von den stalinistischen Regimes enterbten und ihrer Staatsangehörigkeit beraubten Aristokraten Mitteleuropas eine wertvolle Hilfe war.

Durch Heirat oder Geblüt gehörten – und gehören – alle Fürsten und Könige zur selben Familie. Die Bourbonen, die Frankreich regiert hatten, standen nicht lange abseits. Aristokraten und Monarchen haben Länder, aber sie bewahren sich etwas Staatenloses und zutiefst Europäisches – diese Art, von einer Nation zur anderen zu wechseln.

Ich erinnere mich noch an eine junge rumänische Prinzessin, eine Hohenzollern väterlicherseits, Französin mütterlicherseits und Britin aufgrund ihres Passes, die in einem französischen Konsulat Ausweise abholen wollte.

«Wie lautet der Name Ihrer Mutter?», fragte der Angestellte.

«Bourbon.»

«Bourbon?», wunderte sich der Angestellte. «Aber das ist doch kein französischer Name!»

Wahrscheinlich dachte dieser ungebildete kleine Angestellte an den Whiskey aus Kentucky und erkannte den Namen Heinrichs IV. und Ludwigs XIV. nicht. Er hatte Unrecht. Aber paradoxerweise hatte er auch Recht. Denn Bourbon ist ein europäischer Name; neben den Königen Frankreichs gibt es eine spanische Linie, eine sizilianische, eine im italienischen Parma, es gibt Bourbonen in jedem Land unseres Kontinents.

Im August 1914 explodiert Europa. Wenn du dir ein Datum merken musst, Alexandre, dann dieses. Sieh dir den Mechanismus des ersten großen Kriegs der Moderne an, sieh, wie die Nationalstaaten von ihren Verträgen in ihn hineingezogen werden.

Der Krieg zwischen Frankreich und Deutschland: Schon 1912 hatte man ihn befürchtet. Und nun, am 28. Juni 1914, wird der österreichisch-ungarische Thronfolger Erzherzog Franz

Ferdinand in Sarajewo von einem serbischen Nationalisten ermordet. Österreich macht Serbien dafür verantwortlich. Deutschland hat ein Bündnis mit Österreich, Russland mit Serbien, Frankreich mit Russland, Großbritannien mit Frankreich. Feindseligkeiten in Mitteleuropa – und schon sind alle kontinentalen Großmächte betroffen.

Die sozialistische Internationale und die großen Arbeiterparteien versuchen den Konflikt zu verhindern: Ob Franzosen oder Deutsche, alle Arbeiter sind Brüder. Sie drohen den Regierungen mit einem europäischen Generalstreik. Aber schon wenige Tage später stimmen die von ihren jeweiligen Patriotismen angesteckten sozialistischen Abgeordneten in ihren jeweiligen Ländern den Kriegsanleihen zu. Das sozialistische Europa ist tot, noch bevor es existieren konnte.

In Paris schreit die wütende Menge:

«*À Berlin! On les aura!*» [«Nach Berlin! Wir kriegen sie!»]

Und die Nationalisten in Berlin antworten:

«Nach Paris!»

Am 1. August 1914 erklärt Wilhelm II. Russland den Krieg. Am 3. August erklärt er ihn Frankreich. Deutschland fällt in Belgien ein. England erklärt Deutschland den Krieg.

Vier Jahre wird es dauern. Mobilmachung in den afrikanischen, indochinesischen und indischen Kolonien, der Nahe Osten wird in den Konflikt hineingezogen, das türkische Reich bricht zusammen. Insgesamt kämpfen fünfundsechzig Millionen Soldaten, es gibt achteinhalb Millionen Tote, davon eine Million dreihundertfünfzigtausend auf französischer und eine Million siebenhundertsiebzigtausend auf deutscher Seite. 1917 tritt auch Amerika in den Krieg ein.

Für das Europa des 20. Jahrhunderts ist dieser Krieg ein Laboratorium des Schreckens, der erste hoch technisierte Krieg mit neuen Waffen, Maschinengewehren, Sturmpanzern, Flugzeugen und Massentötungen, Bombardements und Massakern an Zivilisten. Er ist der Nährboden für die Revolution der Bolschewiken und für den Nationalsozialismus, für Stalin und Hitler. Er hinterlässt ein zerstörtes, einigungsunfähiges Europa, das sich den heraufziehenden totalitären Regimen ergibt.

Adolf Hitler, der letzte Eroberer, der Europa vereinigte, glaubte nicht an Europa, und schon gar nicht an europäische Werte. Sein «Nationalsozialismus» ist Ausdruck der Verachtung gegenüber allem Denken. Hitlers größte fixe Idee war die Ausdehnung des deutschen Territoriums. Das «Dritte Reich» sollte möglichst viele deutsche und pseudodeutsche Bevölkerungsgruppen (die Nazis sprachen von «Ariern») verschmelzen, die Juden vertreiben und die übrigen Völker knechten und ausbeuten. Barbarische Gewalt und Rassismus.

Hitler scherte sich einen Dreck um Europa, als er sich mit Stalin Polen teilte, im Rahmen des deutsch-sowjetischen Paktes von 1939, mit dem sich die beiden Diktaturen gegen die Demokratien verbündeten. Und er hatte genauso wenig Hemmungen, als er Frankreich besetzte und seine Macht mit Hilfe des alten Marschalls Philippe Pétain ausübte, dessen verflossener Ruhm die Unterwerfung und Schande kaschieren sollte.

Europa hatte sich nach London geflüchtet. Dort, bei Winston Churchill, waren die freien Regierungen und führenden Politiker Frankreichs, Belgiens und Nordeuropas, Polens, der Tschechoslowakei und Jugoslawiens ... Churchill schlug de Gaulle sogar eine völlige Vereinigung Großbritanniens und Frankreichs vor – gemeinsame Regierung, gemeinsame Armee. Es kam nicht dazu.

Stell dir nur mal für einen Augenblick vor, was geschehen wäre, wenn die beiden Länder sich damals zusammengetan hätten. Was hätten wir 1945 gemacht? Wären wir so unbedacht gewesen, uns wieder zu trennen? Hätten wir als Verbündete oder als Föderation weiter existiert? Die gesamte Geschichte wäre anders verlaufen, die des endlich mit dem Kontinent verbundenen Großbritannien und die eines französischen Staates, der nicht mehr nach Belieben seine Kolonialkriege hätte führen können. Und der englische König? Und General de Gaulle? Eine hübsche «Politic-Fiction».

Zurück ins Jahr 1941. Hitler beginnt das Wort «Europa» zu benutzen: «Dem Bolschewismus muss Europa entgegengesetzt werden!» Deutschland nämlich ist in Russland einmarschiert und braucht nun eine entsprechende Propaganda. In den besetzten Ländern kleben die Nazis Plakate: «Europas Sieg – dein Wohlstand». Wohlstand? Wer soll das glauben, abgesehen von ein paar krankhaften Kollaborateuren, die sich an jüdischem Eigentum bereichert haben? Man sah nur das große Deutschland mit seiner SS und Gestapo. Ganz Europa erlitt dasselbe Schicksal: Hunger und Elend, Massaker, Völkermord an Juden, Sinti und Roma, Lager, Folter und die Reichsmark als gemeinsame Zwangswährung. Hitlers strategische Vision bestand in Wahrheit nur in Plünderungen – angefangen bei Rohstoffen bis hin zu Kunstwerken –, der Deportation ganzer Bevölkerungen, ethnischer Säuberung und Vernichtung kleiner Staaten: das Europa des Grauens. Die makabren Zahlen gehen weit über die des Ersten Weltkrieges hinaus. Zweiundneunzig Millionen Soldaten standen sich im Zweiten Weltkrieg gegenüber, je nach Schätzung starben fünfunddreißig beziehungsweise sechzig Millionen Soldaten und Zivilisten, darunter sechs Millionen Juden.

1945 besiegen die Widerstandsbewegungen und die alliierten Truppen das nationalsozialistische Deutschland. Wie ich dir schon sagte, wollten die weit blickenden Staatsmänner, die danach die Europäische Union gründeten, vor allem ein Wiederaufleben solcher Barbarei verhindern. Es war ihnen klar, dass Unterjochung und Krieg vor allem auf die Nationalstaaten und ihre Rivalität zurückzuführen waren. Nachdem der Zweite Weltkrieg jedes Maß gesprengt habe, müsse das gesamte System, das ihn möglich gemacht hatte, geändert werden, entschieden unsere Europäer der vierziger und fünfziger Jahre.

Auf der anderen Seite Stalin. Im Gegensatz zu Hitler hat der Diktator Sowjetrusslands durchaus eine genaue Vorstellung von Europa: Kommunistisch sollte es sein. Stimmt, er hockt die ganze Zeit in seinem Kreml, hasst Reisen und verachtet den westlichen Geist. Napoleon ist ihm wichtiger als Dickens, Goethe, Boccaccio und Voltaire. Er glaubt nicht an die weltweite Revolution der Proletarier.

Aber er glaubt an seine Armee.

Expansionsträume hat er immer gehegt, aber Asien dabei vernachlässigt. In den dreißiger Jahren ließ er die chinesischen Kommunisten fallen und verhandelte mit den Nationalisten, die sie umbrachten. Aber den spanischen Republikanern eilte er im Bürgerkrieg gegen Francos Faschisten zu Hilfe, er schickte Flugzeuge und Panzer, die Internationalen Brigaden, um am Ende die Madrider Regierung zu unterwandern. Mit größtem Interesse verfolgt er die Tätigkeit der westlichen kommunistischen Parteien, besonders der französischen. In ganz Europa verteilt er seine Spione und Pressuregroups.

Als Stalin am Ende des Zweiten Weltkriegs mit seinen Verbündeten in der Anti-Hitler-Allianz, dem Amerikaner F.D. Roosevelt und dem Briten Churchill, verhandelt, verlangt er seinen Anteil an Europa und erhält ihn auch, weil seine Verschlagenheit der amerikanischen Naivität überlegen ist. Mit Hilfe manipulierter Massendemonstrationen und gefälschter Wahlen weitet die Sowjetunion ihren Machtbereich für einige Zeit auf das von ihr geteilte Polen, einen Teil Deutschlands, die Tschechoslowakei, Ungarn, Rumänien, Bulgarien, Albanien und Jugoslawien aus. Dasselbe versucht sie mit Griechenland, aber die Engländer und die Amerikaner greifen ein.

Stalin besitzt somit seine Europahälfte, und genau das will er auch. Als er 1947 die Disziplin der verschiedenen kommunistischen Parteien in Ost und West straffen will, lässt er nicht die alte Komintern – Lenins Internationale mit weltweitem Anspruch – aufleben, sondern gründet ein Informationsbüro der europäischen kommunistischen Parteien, das berüchtigte Kominform.

Die neuen Satellitenstaaten der UdSSR von Polen bis nach Rumänien werden energisch sowjetisiert: alle Macht den kommunistischen Parteien und innerhalb der Parteien den von Moskau aus gelenkten Parteisekretären, den lokalen kleinen Stalins. Um Stalin, den Mann, «den wir am meisten lieben», den «genialen Meister des Weltkommunismus, Freund und Bruder der Werktätigen aller Länder», entsteht ein grotesker Kult. Im Westen finden Sartre, Aragon, Jacques Prévert, Picasso, Chaplin, Honegger, Darius Milhaud, Juliot-Curie und viele andere durchaus Gefallen daran. In Paris singen militante Kommunisten:

L'étoile claire de Staline
*Ouvre l'amour au monde entier.**

Stalins Europahälfte füllt sich mit Gefängnissen und Lagern. Nach dem Vorbild Moskaus werden immer mehr Schauprozesse geführt, in denen von der Folter gebrochene ehemalige kommunistische Führer Fantasieverbrechen gestehen. Denn Stalin wittert überall zwei Feinde, auch in der KP: die Nationalisten, die beseitigt werden müssen, bevor sie auf den Gedanken kommen, ihr Land gegen die russische Unterdrückung zu verteidigen, und die Internationalisten samt jenen, die man dafür hält, weil sie sich vielleicht noch etwas anderem verpflichtet fühlen könnten als dem Kommunismus Moskauer Machart. So verfolgt er ehemalige Widerstandskämpfer gegen die Nazis, Überlebende der Internationalen Brigaden in Spanien und – unter dem Vorwand, das verhasste Kosmopolitentum zu bekämpfen – die Juden.

Stalin lässt die Hauptstädte umgestalten, die Kirchen schleifen und die massigen Tempel und hässlichen Statuen des

* Stalins heller Stern öffnet der ganzen Welt die Liebe.

sozialistischen Realismus errichten. Allein in Warschau gab es mehr als siebzig der sowjetisch-polnischen Freundschaft geweihte Denkmäler. Das in Prag ist so kolossal, dass der Hügel Letna, auf dem es steht, einbricht; man muss tonnenweise Zement in die Erde spritzen. Die Beseitigung dieses absurden Bauwerks war dann ebenso mühselig wie seine Errichtung.

Wie du heute weißt, funktionierte Stalins Europahälfte nicht. Die Fünf-Jahres-Pläne waren so unflexibel, dass wertvolle Ressourcen verschwendet wurden und die Wirtschaft in Korruption und Mangel erstickte. Zur Bewertung der Effizienz von Wirtschaftsbetrieben erfanden die Planungsbehörden eine Vielzahl von immer raffinierteren Indikatoren. Entscheidend blieb jedoch die Quantität, der einzige einfache und universale Maßstab. Also wurde in Massen produziert, zu Lasten der Qualität natürlich. Um das in Tonnen angegebene Planziel zu erreichen, wurden in einer Fabrik sogar möglichst schwere Traktoren hergestellt – die Arbeiter schraubten Gusseisenblöcke unters Chassis. Ab und zu trugen die Planer diesen Schwierigkeiten Rechnung und bestimmten einen weiteren Indikator, eine weitere Kontrolle, die auch weiter keinen Nutzen hatte als den, die unersättliche Verwaltungsmaschinerie zu füttern. Niemand fühlte sich verantwortlich, die Gesellschaft verfiel in abwartende Trägheit, die Wirtschaftsregulierung erfolgte durch Terror und Polizei. Die Tschechoslowakei, vor dem Krieg auf demselben Entwicklungsstand wie Frankreich, wurde in den fünfziger Jahren zu einem armen und tristen Land.

Stalin stirbt im März 1953. Als im Juni in Ostberlin Arbeiter gegen die Teuerung demonstrieren, werden sie von russischen Panzern auseinander getrieben. 1956 gibt es Unruhen in Polen, Aufstände in Ungarn, wieder greifen Panzer ein. Der Prager Frühling 1968, ein kurzes Aufblühen der Liberalität in der Tschechoslowakei, wird ebenfalls von Panzern beendet.

Stalins Nachfolger versuchen das System zu reformieren, aber immer ohne Erfolg. Ungeachtet aller proklamierten Wachstumszahlen versinkt Osteuropa in einer wirtschaftlichen Depression. Die Gebäude verfallen, es fehlt am Geld und am guten Willen, sie instand zu setzen. In hässlichen Vorstädten bauen die Architekten in einem neuen Stil: Neubauruinen.

Es wird dich nicht wundern, dass das freie Europa der schlimmste Feind des Kommunismus ist. Mit Hilfe der großen kommunistischen Parteien Frankreichs und Italiens wütet Moskau gegen den Aufbau Europas, dem mal vorgeworfen wird, er rehabilitiere die Nazis, mal, er diene dem amerikanischen Imperialismus, dann, er betreibe die organisierte Ausbeutung der Arbeiter. Als Antwort auf den Marshallplan hatte Russland 1949 einen kleinen gemeinsamen Markt im Osten gegründet, den Rat für gegenseitige Wirtschaftshilfe (RGW), um die Satellitenstaaten aus dem westeuropäischen Zusammenhang zu reißen, ihre Wirtschaften zu spezialisieren und entsprechend den Bedürfnissen des sozialistischen Lagers auszurichten.

Aber es hilft nichts: Die schwerfällige und anfangs auf Kohle und Stahlerzeugnisse konzentrierte kommunistische Maschinerie bleibt unfähig zur Anpassung an die moderne Welt. Im August 1961 gab es nur noch einen Übergang zwischen Osten und Westen: Berlin. Die Deutschen entflohen dem Sozialismus zu Hunderten. Moskau ließ eine Mauer bauen und zerschnitt die Stadt – und damit ganz Europa – in zwei Teile.

Ebendiese Mauer wurde im November 1989 von einer begeisterten Menge durchbrochen und zum Einsturz gebracht. Ich war dabei. Ich sah Kanzler Kohl mit Tränen in den Augen und trotz der Kälte barhäuptig diese Grenze überschreiten, an der ostdeutsche Polizisten so viele Flüchtlinge getötet hatten. Innerhalb weniger Monate geben die kommunistischen Regime überall auf. Die eine Hälfte Europas kehrt zur anderen zurück. Die zweite große Diktatur zerbrach weniger an ihrer Gewaltsamkeit oder unserer Entschlossenheit als an ihrer eigenen Schlamperei. Die Länder, die unter ihr zu leiden hatten, fordern heute ihren Platz in der Europäischen Union.

Die Geschichte der Europäischen Union von der Montanunion bis zum Euro

Die Schlüsselfigur Europas, der Anstifter, wie General de Gaulle manchmal schimpfte, ist kein Politiker, Präsident, Minister, sondern der Sohn eines Cognac-Händlers, der seine Weltkenntnis erwarb, indem er landauf, landab, von England bis Ägypten, von Russland bis Amerika, seine Fässer und Flaschen verkaufte. Jean Monnet heißt er, kleiner Hut, kleiner Schnurrbart, kleine Gestalt. Keine flammende Begeisterung, sondern Willenskraft und klare Vorstellungen: Dieser Prophet ist Pragmatiker.

1888 kam er in Cognac in der Charente zur Welt, ein echter Bürger und großer Weltreisender, ein «internationalistischer Provinzler» und Bewunderer englischen Gemeinsinns und amerikanischer Effizienz. Er hält nicht viel von Büchern, Studien, Theorien, er handelt lieber. Er besitzt Überzeugungskraft. Er arbeitet wie ein Wilder, und man kann ihm nur zwei Schwächen nachsagen: einen Heißhunger auf Schokolade und die Liebe zu Grandhotels viktorianischen Stils.

Als junger Mann im Ersten Weltkrieg gelangt er zu der Erkenntnis, dass Frankreich und Großbritannien der Industriemacht Deutschland nicht gewachsen sein können, wenn sie nicht wirtschaftlich zusammenarbeiten. Er ist wirklich nicht schüchtern: Er marschiert zum Ministerpräsidenten – so hieß damals der Premierminister in Frankreich – und überredet ihn dazu, einen französisch-britischen Seeverkehrspool zu gründen, dessen Leitung er übernimmt. Zu seinem Bedauern lösen die Staaten diese Organisation nach Kriegsende auf.

ist Pragmatiker ...

1920 wird Jean Monnet stellvertretender Generalsekretär des Völkerbundes, eines Vorläufers der Vereinten Nationen, der aber an der Feindseligkeit Japans, Italiens und Deutschlands zerbricht. In seinem Amt ruht und rastet Monnet nicht: Er nimmt an den großen Finanzverhandlungen teil, gründet eine internationale Bank, versucht, der polnischen Wirtschaft wieder auf die Beine zu helfen, berät die Kuonmintang, die chinesische Nationalpartei, die sich sowohl Japan als auch Mao Tse-tung entgegenstellt. Und vor allem ruft er – vergeblich – zur europäischen Einheit auf.

1939 geht es wieder los, der schlimmste aller Kriege beginnt, und Jean Monnet koordiniert die Kriegsmaterialversorgung der Alliierten. Nach der Befreiung wird er von der französischen Regierung zum Leiter des Amtes für Wirtschaftsplanung ernannt.

Wie lässt sich ein Wiederaufflammen der Konflikte verhindern und wie vor allem die automatische Konfrontation zwischen Frankreich und Deutschland? Wie lässt sich ein neuer Nazismus schon im Keim ersticken? Jean Monnet, mehr denn je vom Nutzen der angelsächsischen Vernetzungsmethoden überzeugt, versteht, dass man den Politikern ein wenig auf die Sprünge helfen muss, weil ihnen nicht immer selbst etwas einfällt. Er führt Konsultationen und hält sich aus dem Rampenlicht heraus, weil er auf die persönlichen Beziehungen und Absprachen innerhalb der Eliten setzt. Er glaubt nicht an Pakte, Abkommen, Konferenzen, Absichtserklärungen: Deren gab es viele zwischen den beiden Kriegen! Er glaubt auch nicht an eine dauerhafte Unterwerfung Deutschlands, die schon 1919 nicht funktioniert hat, von der General de Gaulle aber immer noch träumt. Wenn Frankreich der Bundesrepublik Deutschland jedoch eine gemeinsame Erzeugung von Kohle, Eisen und Stahl vorschlüge, unter der Leitung einer Hohen Behörde mit einem gemeinsamen Ministerrat und einer gemeinsamen Versammlung, würde ein Konflikt einfach materiell unmöglich. Ein Staat, der nicht frei über seine Kohle, sein Eisen und seinen Stahl verfügt, kann keine Aufrüstung betreiben und keinen Krieg führen, zumindest nicht gegen den Miteigentümer.

Ein großartiger Gedanke: Man umgeht die traditionelle Politik, beginnt Europa von der Wirtschaft her aufzubauen und zügelt die Regierenden durch eine von den diplomatischen Unwägbarkeiten unabhängige Organisation.

Jean Monnet zieht den französischen Außenminister Robert Schuman auf seine Seite, einen in Luxemburg geborenen Lothringer und energischen christdemokratischen Befürworter Europas. Schuman ist begeistert. Am späten Nachmittag des 9. Mai 1950 gibt er im Uhrensaal des Quai d'Orsay eine Erklärung ab, in die er Jean Monnets Vorstellungen einfließen lässt, allerdings in einigen kaum hörbaren Sätzen, um seine Gegner nicht zu alarmieren. Konrad Adenauer, der ebenfalls christdemokratische deutsche Kanzler, war schon vorher darüber unterrichtet; er stimmt nachdrücklich zu und «dankt Gott». Italien, Belgien, die Niederlande und Luxemburg billigen den Plan Monnets, den so genannten Schuman-Plan.*

Das erste Europa der Sechs – die Montanunion beziehungsweise die Europäische Gemeinschaft für Kohle und Stahl (EGKS) – wird auf Initiative Frankreichs ein Jahr später aus der Taufe gehoben.

Die stalintreuen französischen Kommunisten empören sich: Absprachen mit den «Boches» (Deutschen) kommen für sie nicht in Frage. General de Gaulle verdammt aus seiner na-

* Im Gedenken an Schumans Rede wurde der 9. Mai später zum Europatag erklärt.

tionalistischen Haltung heraus diese «Art Kohle- und Stahlpotpourri», das ihm seine Rechte in der großen Politik beschneidet. Die Linke der sozialistischen Partei will nichts ohne die Engländer tun, und die Engländer – die die anderen zum Weitermachen ermuntern – lehnen ihrerseits natürlich einen Beitritt ab. Die damalige Labour-Regierung befindet, Großbritannien stünde Australien und Neuseeland näher als Europa. In der Bundesrepublik Deutschland bekämpft die SPD unter ihrem Vorsitzenden Kurt Schumacher das «Sechser-Europa». Schumacher nennt es «konservativ und klerikal, kapitalistisch und kartellistisch». Er lehnt jede Perspektive der Westintegration Deutschlands ab.

Die Europäische Gemeinschaft für Kohle und Stahl lässt sich nicht unterkriegen.

1952 wird Jean Monnet ihr erster Präsident.

Für die Initiatoren ist das erst die erste Etappe. Eine kleine Gruppe von Männern hat sich zusammengetan und beschlossen, das Unternehmen bis zur wirklichen Vereinigung Europas, bis zum Staatenbund, voranzutreiben. Das deutsch-französische Paar Robert Schuman und Konrad Adenauer wird von den ewigen Europäern flankiert, dem Sozialisten Paul-Henri Spaak – dem Vorgesetzten und Freund deines Großvaters – für Belgien und dem christdemokratischen Ministerpräsidenten Alcide De Gasperi für Italien. Man wird sie später als die Gründerväter bezeichnen. Sie haben ihre Lebensaufgabe gefunden, sie wägen die Fort- und die Rückschritte ab und ertragen die politischen Widerstände von rechts und links, den Egoismus der Völker, die weit verbreitete Gleichgültigkeit und Feindseligkeit.

Alle sind noch im 19. Jahrhundert geboren – Adenauer, der älteste, 1876 – und gehören somit wie Jean Monnet zu einer Generation, die beide Weltkriege und die Niederlagen der zwanziger und dreißiger Jahre erlebt hat, als es nicht gelungen war, Staaten und Menschen einander näher zu bringen, bevor sich

Hitlers schreckliche Macht entfalten konnte. Sie haben Lehren daraus gezogen und wollen rasch handeln.

Die zweite Etappe unterscheidet sich kaum von der ersten. 1950 ist Stalins Wahnsinn auf dem Höhepunkt, die Gulags der Sowjetunion sind überfüllt, fast zehn Millionen Männer, Frauen und Kinder leben in den Lagern, die Satellitenstaaten bereiten weitere irrwitzige politische Schauprozesse vor, Moskau besitzt seit September 1949 die Atombombe, Mao Tse-tung ist in China gerade an die Macht gekommen. Am 25. Juni 1950 greift die kommunistische Armee Nordkoreas Südkorea an; unter der Ägide der Vereinten Nationen entsenden die Vereinigten Staaten und sechzehn weitere Staaten (darunter auch Frankreich) Truppen, auch das kommunistische China interveniert. In Berlin haben die Alliierten die von den Sowjets verhängte Blockade mühsam lockern können. Stalin verfügt in Europa über eine massive militärische Übermacht. Alle fragen sich voller Angst, ob der Dritte Weltkrieg nicht vielleicht schon begonnen hat.

Angesichts der kommunistischen Gefahr wollen die Amerikaner Westdeutschland unbedingt wieder bewaffnen. Aber wie sollen sie das jenen nahe bringen, die den Krieg erlebt haben, vor allem den Franzosen? Wie könnten die Völker, die unter den Nazis gelitten hatten, zulassen, dass fünf Jahre nach Hitlers Niederlage wieder ein deutsches Heer aufgebaut wird, und zwar unweigerlich mit denselben Männern?

Jean Monnet macht einen Vorschlag: die Bundesrepublik Deutschland wieder bewaffnen, ihr aber nicht das Kommando über die Truppen überlassen, sondern im Rahmen der 1949 gegründeten NATO eine europäische Armee schaffen, in der alle Bataillone miteinander verschmelzen, deutsche, französische, belgische, italienische …

Der erste Monnet-Plan, die EGKS, wurde Schuman-Plan getauft, der zweite Monnet-Plan über die Errichtung einer Europäischen Verteidigungsgemeinschaft – EVG – nennt sich

Pleven-Plan, nach dem französischen Ministerpräsidenten René Pleven, der ihn im Oktober 1950 vorlegt. Die zunächst ablehnenden Amerikaner stimmen schließlich zu, auch die Briten, aber wieder einmal, ohne sich daran beteiligen zu wollen. Adenauer akzeptiert den Plan, besteht allerdings auf der militärischen Gleichberechtigung der deutschen Truppenkontingente.

Aber diesmal spielen die französischen und italienischen Kommunisten nicht mit. Sie entfesseln eine wütende Kampagne gegen die EVG. Überall in Frankreich hängen Plakate, auf denen ein Nazi-Soldat mit Furcht erregend verzerrtem Gesicht und SS-Zeichen zu sehen ist, der mit seinem Maschinengewehr auf die Passanten zielt; im Hintergrund Ruinen, Flammen, eine Mutter, die ihr totes Kind beweint.

Für die KP ist die EVG nur ein schreckliches Komplott mit dem Zweck, die Hitler-Generäle zu rehabilitieren und den Faschismus wieder zu erwecken, um die Völker zu vernichten und einen ungerechten Krieg gegen die UdSSR, das Vaterland der Werktätigen, vorzubereiten.

Auch General de Gaulle kämpft nach Kräften gegen dieses Vorhaben: Man wolle Hand an die französische Armee, die Garantin der nationalen Souveränität, legen und sie zerstören.

Einträchtig und in gemeinsamen Sitzungen geißeln Gaullisten und Kommunisten, die sich sonst bis aufs Blut bekämpften – manchmal gab es Tote –, den amerikanischen Imperialismus und seine europäischen Büttel. Diese beiden Gruppen vertreten halb Frankreich: Bei den Wahlen 1951 erhalten die Gaullisten 21,5% und die Kommunisten 25,6% der Wählerstimmen.

Alle anderen Parteien sind sich uneins, außer den Christdemokraten, die eine europäische Armee mit großer Mehrheit befürworten. Bei den Sozialisten ebenso wie bei den bürgerlichen «Radikalsozialisten» und den Rechtsliberalen tobt ein bis an den Rand der Spaltung gehender Streit. Jeanne d'Arc und

Clemenceau werden zitiert, Robespierre und Victor Hugo. Den Verfechtern Europas wird unterstellt, sie wollten den Tod des Vaterlands – diese Verräter.

Ganz Frankreich wird von der unglaublichen Kontroverse aufgewühlt.

Kannst du dir ein in Pro und Contra gespaltenes Land vorstellen? Wie zu Zeiten der Dreyfus-Affäre und in der Schlussphase des Pétainismus wurde der Streit bis an den Familien-Esstisch getragen, und in der tiefsten Provinz verließen alte Onkel und junge Cousins mitten im Nachtisch türeschlagend das Esszimmer. Sogar auf den Schulhöfen prügelte man sich.

Die Welt und Amerika blickten staunend auf Frankreich. Erst hatte es die Idee mit der europäischen Armee gehabt und seinen Partnern schmackhaft gemacht, und nun das! Europas Väter waren am Boden zerstört: Die erste öffentliche Debatte über den Aufbau Europas wurde in Frankreich zum kalten Bürgerkrieg.

Auch in der Bundesrepublik Deutschland schlagen die Wogen hoch, die Wiederbewaffnung wird zum bestimmenden Thema, das viele Westdeutsche entzweit. Lassen sich die Sowjets nur durch militärische Stärke beeindrucken, oder provoziert man sie dadurch so sehr, dass die Wiedervereinigung in weite Ferne rückt? Diese Frage spaltet sogar die Regierung: 1950 tritt Adenauers Innenminister Gustav Heinemann von seinem Amt zurück, weil er klar gegen die von Adenauer befürwortete Aufstellung deutscher Truppen ist. Auch die Sozialdemokraten, die Kommunisten, die Gewerkschaften und die Kirchen sind in großer Mehrheit dagegen. Es kommt zur Gründung der «Ohne-mich-Bewegung», in der zigtausende, durch die Weltkriegserfahrung pazifistisch gesinnte Deutsche gegen die Wiederaufrüstung demonstrieren.

Dieser Zwist dauerte fast vier Jahre, bis zum 30. August 1954, dem Tag, an dem der neue Ministerpräsident Pierre Mendès France die französische Nationalversammlung darüber abstimmen ließ, um dem Ganzen ein Ende zu setzen. Der Vorschlag zur Errichtung einer Europäischen Verteidigungsgemeinschaft wurde abgelehnt. Die französischen Europabefürworter nannten es das «Verbrechen vom 30. August». Sie glaubten alles verloren und Europa am Boden. Und Konrad Adenauer bezeichnet das Scheitern der EVG als den «größten Erfolg der Sowjetunion auf dem europäischen Schauplatz des Kalten Krieges».

Die EGKS jedoch hatte standgehalten und begann nun wirklich zu funktionieren. Die Bundesrepublik Deutschland wurde wieder bewaffnet – ohne EVG und ohne großes Getöse – und trat der NATO bei. Stalin war tot.

1955 greifen die vom EVG-Abenteuer enttäuschten Europabaumeister auf das ursprüngliche Schema zurück: Europa über die Wirtschaft zu vereinen. Jean Monnet schlägt vor, nach dem Muster der EGKS auch ein Europa der friedlichen Nutzung der Kernkraft zu schaffen. Und da erweist sich Paul-Henri Spaak als noch kühner als der «Anstifter» selbst: Er arbeitet einen Plan für eine wirtschaftliche Integration der sechs EGKS-Länder samt Zollunion und gemeinsamen Institutionen aus, kurz: für eine echte europäische Gemeinschaft. Jean Monnet ist sofort einverstanden. Am Ende seiner Amtszeit als EGKS-Präsident setzt er ein Aktionskomitee für die Vereinigten Staaten von Europa ein.

In diesem Komitee kommen Partei- und Gewerkschaftsvertreter der Sechs zusammen, Rechte und Linke sind vertreten, nur natürlich nicht die alten Gegner, die Gaullisten und die Kommunisten. Die Sitzungen und Gespräche werden immer häufiger. Auf höchstem Niveau werden Frankreich und Deutschland dort von ehemaligen oder künftigen Ministerpräsidenten beziehungsweise Bundeskanzlern vertreten. Es sind Vertreter der Rechten und der Mitte wie René Pleven, Pierre Pflimlin, Valéry Giscard d'Estaing, Kurt Kiesinger und Konrad

Adenauer und Sozialisten und Sozialdemokraten wie Guy Mollet, Willy Brandt und Helmut Schmidt.

Diese beständige und effiziente demokratische Verschwörung dauerte fast zwanzig Jahre. Sie hat unseren Kontinent völlig umgestaltet und der technischen und industriellen Revolution, die unser Leben verändern sollte, Ziele gesetzt. Gaullisten und Kommunisten sahen überall nur die Hand und das Netzwerk Monnets: nicht ganz zu Unrecht. Aber nachdem nun in Frankreich die großen spektakulären Aufregungen – Kolonialismus, strenger und populistischer Kommunismus von KP und Gewerkschaften, die linken Bewegungen mit ihren Fahnen und Ideologien – vorüber sind, siehst du fernab vom Getöse und den Sitzungen, dass es just diese Europäer waren, die nach einem halben Jahrhundert siegten, als ihre Nachfolger den Vertrag von Maastricht unterzeichneten, zur Abstimmung vorlegten und damit die Europäische Union gründeten.

Zurück ins Jahr 1955. Am 1. Juni findet auf Einladung der Italiener eine europäische Konferenz in Messina statt. Im Schlusskommuniqué heißt es klar und eindeutig, die Anwesenden seien der Ansicht, «dass Europa zunächst auf wirtschaftlichem Gebiet gebaut werden muss. Sie erachten es als notwendig, die Schaffung eines Vereinigten Europas durch die Weiterentwicklung gemeinsamer Institutionen, durch die schrittweise Fusion der nationalen Wirtschaften, durch die Schaffung eines gemeinsamen Marktes und durch die schrittweise Harmonisierung ihrer Sozialpolitik fortzusetzen.»

Auf dieser Grundlage wird zwei Jahre lang hart und ernsthaft verhandelt. An Jean Monnets Seite Paul-Henri Spaak, der begeistert, berät, diskutiert und Gespräche wieder in Gang bringt, damit Unstimmigkeiten ausgeräumt werden können: der Anstifter und der Organisator. Endlich, am 25. März 1957, unterzeichnen die Sechs den grundlegenden Vertrag über die Gründung der Europäischen Wirtschaftsgemeinschaft (EWG). Dieses Mal spielen die Väter Europas nicht Römisches Reich – in der Gemeinschaft gibt es keinen Caesar. Die Geschichte hinterlässt nur eine Spur: In Rom wird der Vertrag unterzeichnet, und Rom gibt dem Vertrag seinen Namen.

Das ist die Geburtsstunde des Gemeinsamen Marktes.

Das Ereignis brachte die Massen keineswegs in Aufruhr. Die Bundesrepublik Deutschland, Italien und die Beneluxländer fanden den Ausgang der Verhandlungen erfreulich und natürlich. Und dieses Mal machte auch Frankreich keine Ausnahme. Am selben Tag hatten die Sechs noch einen anderen Vertrag paraphiert, den Euratom-Vertrag über die Zusammenarbeit der zivilen Nuklearindustrie. Die Atomkraft war damals so wichtig und so geheimnisumwittert, dass dieser Vertrag die grundlegende Übereinkunft über die EWG in den Schatten stellte. Der Öffentlichkeit war die Bedeutung des gemeinsamen Marktes, der da beschlossen worden war, kaum klar. Die großen Aufregungen um die EVG waren vergessen, und Frankreich hatte ganz andere Sorgen: Es schickte seine Jugend nach Algerien, wo sie zur Aufrechterhaltung eines heillosen Kolonialsystems kämpfen und sterben sollte. Der Römische Vertrag wurde reibungslos von einem Parlament ratifiziert, in dem praktisch keine Gaullisten mehr saßen.

Wie soll ich dir den Gemeinsamen Markt in wenigen Sätzen erläutern? Zunächst ist er eine Zollunion, die den freien Verkehr der Waren – und der Personen – zwischen den sechs Ländern der Gemeinschaft fördern soll: Die Grenzen zwischen den Ländern werden nach und nach abgebaut.

Die Sechs verpflichten sich, ihre Volkswirtschaften schrittweise einander anzunähern und besonders in den Schlüsselbereichen wie Landwirtschaft, Verkehr, Außenhandel usw. eine gemeinsame Politik umzusetzen. Diese Aktionen sollen dem sozialen Fortschritt dienen, ein Ziel, das manchmal vergessen wird.

Der Vertrag sieht Institutionen vor, an die, sobald sie von allen anerkannt sind, jeder Staat einen Teil seiner Hoheitsrechte abtritt: einen Ministerrat, in dem die Regierungsmitglieder der einzelnen Länder zusammenkommen; eine unabhängige europäische Kommission, eine Art Vorschlags- und Durchführungsorgan; ein Parlament, dessen gewählte Mitglieder die Arbeit der Kommission überwachen, und schließlich einen Gerichtshof und einen Rechnungshof.

Diese Organe haben sich im Laufe der Zeit stark verändert und gefestigt. Sie bilden nach wie vor die Grundpfeiler der heutigen Europäischen Union.

Der Römische Vertrag tritt am 1. Januar 1958 in Kraft. Ein halbes Jahr später ist Europa in Sorge: Der Algerienkrieg hat Frankreich in Aufruhr versetzt und die IV. Republik ausgehöhlt, die schließlich den Komplotten der extremen Rechten zum Opfer fällt. General de Gaulle ergreift die Macht. Sein Prestige ist immens, seine Autorität erdrückend.

Was wird de Gaulle tun?

Vergessen wir nicht, er ist ein alter Feind Jean Monnets und der Gründerväter, ein Gegner des Föderalismus und des «staatenlosen» Europa, er brachte die EVG zu Fall und ist in die Souveränität Frankreichs verliebt. Er kann den Römischen Vertrag aufkündigen, den er im Vorjahr missbilligt hat, und mit einem Schlag zehn Jahre Arbeit zunichte machen.

Aber das tut er nicht. Er versichert, Frankreich werde sich an seine Zusage halten. Besser noch: Schon im Herbst 1958 empfängt er in seinem Landhaus im lothringischen Colombey-les-deux-Églises den deutschen Bundeskanzler Konrad Adenauer. Die beiden Männer respektieren und verstehen sich: Mit Nachdruck sprechen sie sich für die französisch-deutsche Aussöhnung aus, in Worten, die nur der ehemalige Anführer des Freien Frankreich und der ehemalige nazigegnerische Anwalt finden konnten. Später wird de Gaulle von der Solidarität zwischen Franzosen und Deutschen und der «Zusammenarbeit der beiden großen wieder versöhnten Völker» sprechen und bekräftigen: «Wir haben die Pflicht, Brüder zu sein.» Und schließlich wird er Europa als «große Hoffnung» definieren.

Am 1. Januar 1959 erfolgt, wie im Vertrag vorgesehen, die erste Phase der Grenzöffnung.

Und da haben wir ein hübsches historisches Paradox. Denn inzwischen wissen wir, dass der echte Europäer Pierre Pflimlin, der Amtsvorgänger de Gaulles, insgeheim die Absicht hatte, eine Verschiebung dieses Termins zu beantragen: Seiner Einschätzung nach war Frankreich noch nicht stark genug, um schon so bald auf einem freien Markt der Konkurrenz seiner Partnerländer ausgesetzt zu werden.

De Gaulle hingegen beschließt aus seinem Nationalstolz heraus, Frankreich dürfe sich von solchen Bedenken nicht aufhalten lassen, alles sei eine Frage der Energie, des Reformwillens und der Entschlossenheit. Übrigens sind die Mitglieder des Aktionskomitees von Jean Monnet, der Christdemokrat Pierre Pflimlin und der Sozialist Guy Mollet, auch Mitglieder seiner Regierung. Mit dem Nationalisten de Gaulle tun sie diesen europäischen Schritt, den sie ohne ihn nicht gewagt hätten.

Es handelt sich nicht um eine Bekehrung, niemand ist von seiner Ausgangsposition abgerückt, General de Gaulles Vorstellung von Europa ist nicht die Jean Monnets. De Gaulle, der sich sehr um die nationale Identität – besonders Frankreichs – sorgt, lehnt den Gedanken eines europäischen Bundesstaates ab, er zöge ein Bündnis von Staaten vor, die auf ihre Unabhängigkeit bedacht und ihrer eigenen Kultur verpflichtet wären: Zusammenarbeit ja, sogar auf militärischem Gebiet, aber keine Integration.

Und noch ein Paradox: Um den französischen Interessen zu dienen und die nationale Produktion zu hohen Preisen an die Partnerländer verkaufen zu können, kämpft de Gaulle für eine im höchstmöglichen Grade gemeinsame Agrarpolitik, während einige Föderalisten die Landwirtschaftsprobleme gern aus den europäischen Übereinkünften herausgehalten hätten. Aber gerade in der Landwirtschaftspolitik ist die Integration bis heute am stärksten.

In den vier Jahren von 1958 bis 1962 erhält der Bau Europas also einen entscheidenden Anschub. Die Widersprüche und Missverständnisse im Verhältnis zwischen Frankreich und seinen Gesprächspartnern können das gemeinsame Werk nicht behindern.

Nur Großbritannien hielt weiterhin Distanz zur Europäischen Wirtschaftsgemeinschaft. Gemäß seiner schon jahrhundertealten Politik versuchte es, die europäische Idee zunächst in einer weiträumigen kontinentalen Freihandelszone ohne irgendwelche Strukturen oder politischen Institutionen versanden zu lassen – sein alter Traum vom Europa der Waren und des Handels. Das haben die Sechs nicht akzeptiert. 1959 stellten die Engländer deshalb eine Art kleines Konkurrenzeuropa ohne Pflichten und Sanktionen auf die Beine: die Europäische Freihandelsassoziation EFTA*. Dabei handelt es sich um ein reines Zollübereinkommen zwischen Großbritannien und den Nordländern Island, Irland, Finnland, Norwegen, Schweden, Dänemark, der auf ihrer Unabhängigkeit beharrenden Schweiz, dem auf Wunsch der Sowjetunion isolierten Österreich und Portugal, in dem damals der faschistische Diktator Salazar herrschte. Ein wahrhaft lockerer Rahmen … Ich habe dir erzählt, dass dein Großvater einen Plan ausarbeitete, um die Freihandelsziele dieser Assoziation mit den politischen Erfordernissen der Europäischen Wirtschaftsgemeinschaft in Einklang zu bringen. Doch das scheiterte am Widerstand Frankreichs. 1961 meint Großbritannien dann, wenn es die EWG schon nicht von außen ändern könne, sollte es dies vielleicht von innen versuchen. Es

* Die European Free Trade Association, auch Europäische Freihandelszone genannt, wurde schließlich am 4. Januar 1960 ins Leben gerufen.

vollzieht eine politische Kehrtwende und legt den Sechs seinen Beitrittsantrag vor.

Nun kommt es zur ersten Erschütterung der EWG, denn im Januar 1963 lässt de Gaulle, ohne vorher irgendjemand zu konsultieren, nicht einmal die anderen Mitgliedstaaten, die Verhandlungen mit Großbritannien scheitern. Eine Welle des Anti-Gaullismus geht durch Europa.

Noch ein Paradox: In Frankreich, Italien, Belgien, der Bundesrepublik Deutschland, überall hofften die Befürworter des Bundesstaates Europa, von Integration und Überstaatlichkeit auf den Beitritt Großbritanniens zur Gemeinschaft. Großbritannien war und ist jedoch das Land, dem am wenigsten am Föderalismus, an Integration und Supranationalität liegt. Stell dir vor, es wäre als gleichberechtigtes Mitglied beigetreten: Schon allein dadurch hätte es das institutionelle System Europas ins Wanken gebracht, ganz im Gegensatz zu den Wünschen seiner Parteigänger. Keine für alle geltenden Richtlinien mehr, keine gemeinsame Agrarpolitik und keine Aussicht auf Mehrheitsentscheidungen, sondern Pflicht-Einstimmigkeit und eine ihrer Rechte beraubte Kommission. Indem er Großbritannien ablehnte, schützte de Gaulle in Wahrheit die Brüsseler Institutionen, deren Kompetenz er sonst so gern anfocht. Du magst das witzig finden, aber Fortschritte in der Politik sind oft auf Widersprüche und unerwartete Auswirkungen zurückzuführen.

Ich will dir die Krisen eines Europa, das weiterexistiert, sich manchmal festfährt und doch vorankommt, nicht im Einzelnen schildern. De Gaulle geht zum Gegenangriff über und handelt in direkten Gesprächen mit Bundeskanzler Adenauer eine französisch-deutsche Achse aus. De Gaulle legt einen Plan für die politische Organisation eines auf Einzelstaaten beruhenden Europa vor, der scheitert. Er empört sich über die Finanzprojekte der Europäischen Kommission, gerät in Zorn und zieht sich zurück – die französische «Politik des leeren Stuhls» beginnt. Dann stimmt de Gaulle in Luxemburg einem Kompromiss zu …

Bald sind wir mitten im Vietnamkrieg, in der Dritten Welt herrscht Unruhe. Der General verliert das Interesse an Europa, das von vielen als Kolonie der Vereinigten Staaten betrachtet wird, weil seine Anhänger sich nicht von der amerikanischen Diplomatie distanzieren und die Bombardierung Nordvietnams durch die Amerikaner ebenso wenig öffentlich zu kritisieren wagen wie die Entsendung eines amerikanischen Expeditionskorps von fünfhunderttausend Mann nach Südvietnam. De Gaulle prophezeit ein großes Europa «vom Atlantik bis zum Ural» und erschreckt seine Umgebung durch seine feindselige Haltung gegenüber den USA und eine angedeutete Annäherung an die Sowjets.

Dann kommt der Mai 1968.

Wie es ein Europa der Industrie und des Handels gibt, gibt es auch ein Europa der Revolutionen. An sich nichts Neues: Knapp anderthalb Jahrhunderte zuvor hatten die republikanischen Aufstände von 1848 den ganzen Kontinent von Mailand bis München, von Wien bis Berlin, von Budapest bis Warschau und Prag erschüttert. Selbst auf dem Londoner Trafalgar Square wurden Barrikaden errichtet. In Paris fiel die Regierung Louis-Philippes darüber, und in einer ungeheuren Woge des Aufbegehrens verbreiteten sich die aufkeimenden sozialistischen Ideologien über die Grenzen. Es war mehr eine Ansteckung als eine Verschwörung.

1968 passiert dasselbe: Die Revolte beginnt in der Bundesrepublik Deutschland, erreicht einen Höhepunkt in Paris, greift auf Italien über und bringt in Prag das kommunistische System ins Wanken. Wieder überwindet sie die Grenzen, als seien plötzlich alle von einer Brüderlichkeit erfasst, in der sich Freiheit und Sektierertum untrennbar miteinander mischen. So macht sich in einer kurzen Welle der Gewalt das von den europäischen Verträgen und Ausgleichsbeträgen vergessene Europa der Jugend bemerkbar. Die parlamentarischen Demokratien geben nach und halten stand. Der Gaullismus kann sich von diesem Schlag trotz eines Wahlsiegs nicht erholen. Es dauert nicht einmal ein Jahr, bis de Gaulle die Macht niederlegt.

Und Europa setzt seine Fahrt in ruhigeren Gewässern fort.

1973 hebt Präsident Pompidou das französische Veto gegen Großbritannien auf. Die Briten setzen nun gemeinsam mit den Iren und Dänen vorsichtig ihren Fuß in die Gemeinschaft, wobei sie sich mit einer Vielzahl von Ausnahme- und Sonderregelungen vor den Gefahren der Überstaatlichkeit schützen.

Welche Bilder solltest du von diesen Gründungsjahren in Erinnerung behalten?

Vor allem die eines soliden Europa, ungeachtet einer Reihe von Spannungen und schwierigen Verhandlungen besonders über die Landwirtschaft, bei denen es häufig zu Konflikten zwischen Frankreich und den nördlichen Mitgliedstaaten kam, die dic Bundesrepublik Deutschland dann schlichtete. Die Unterhändler schlugen sich die Nächte um die Ohren, rangen um jede einzelne Zahl, jede Paraphe, jedes Adjektiv. Anfangs machten sich alle Sorgen: Unterzeichnen sie nun oder nicht? Jedes Mal sah man das ganze europäische Gebäude vom Einsturz bedroht. Dann gewöhnte man sich daran, Europa in eine Krise schlittern zu sehen, aus der es sich drei Nächte später anscheinend unbeschadet befreien konnte, weil die Minister zu guter Letzt oft doch noch eine Kompromissformel fanden. «Brüsseler Marathon» nannte man diese Art Geheimverhandlung, obwohl diese Übung wenig mit der des griechischen Soldaten zu tun hatte, der 490 vor Christus ohne Pause 42 Kilometer und 195 Meter lief, um in Athen den Sieg über die Perser bei Marathon zu verkünden, und daran starb.

Vielleicht haben wir angesichts dieser stets doch noch

überwundenen Schwierigkeiten inzwischen eine übertriebene Zuversicht entwickelt und hoffen, kein Bruch sei unkittbar.

Andere Bilder: ganz einfach die Europakarten. Schlag einen Geschichtsatlas auf. 1944 siehst du einen kleinen Flecken am Nordrand Frankreichs, den ersten Ansatz: Die Exilregierungen Belgiens, der Niederlande und Luxemburgs beschließen eine Zollunion, die später Benelux heißen wird.

1951 sehen wir die sechs EGKS-Länder, die sich in der Europäischen Gemeinschaft für Kohle und Stahl (Montanunion) zusammengeschlossen haben: schon eine beachtliche Fläche mitten in Westeuropa, die die Kartographen noch ein wenig kräftiger einfärben, als dieselben Staaten mit dem Römischen Vertrag 1957 die Europäische Wirtschaftsgemeinschaft (EWG) und die Europäische Atomgemeinschaft (EURATOM) gründen.

Dann, 1973, das Europa der Neun: Das Vereinigte Königreich, Irland und Dänemark sind der EWG beigetreten. 1979 das Europa der Zehn mit Griechenland, 1986 das Europa der Zwölf mit Spanien und Portugal.

Das Europa der Fünfzehn entsteht 1995: Schweden, Finnland und Österreich treten der Gemeinschaft bei, die nun Europäische Union (EU) heißt. Für elf dieser Staaten tritt am 1. Januar 1999 die einheitliche Währung in Kraft, zuerst als Recheneinheit, seit dem 1. Januar 2002 – dem Tag, an dem die Euro-Scheine und -Münzen ausgegeben wurden – auch als Zahlungsmittel.

Die widerspenstige Schweiz wirkt wie ein weißes Loch mitten in Westeuropa: Wie lange noch? Und auch Norwegen: Wie lange noch will es im Nordwesten isoliert bleiben?

Wir alle wissen, dass sich Europa ab 2003 oder vielleicht auch später nach Osten hin erweitern wird, mit dem Beitritt Polens, Ungarns, der Tschechischen Republik, der Baltischen Staaten … Eines Tages wird die Union vor der russischen Haustür stehen. Was wird Russland tun? Und was wird es sein?

Die letzten Bilder: französisch-deutsche Hochzeitsfotos.

Nachdem Jean Monnet den ersten Anstoß gegeben hatte, der bis zu seinem Tod 1979 fortwirkte, sehen wir erst die Übereinkunft zwischen dem Franzosen Robert Schuman und dem Deutschen Konrad Adenauer. Dann das seltsame, aber tiefe und historisch bedeutsame Einverständnis zwischen General de Gaulle und Adenauer. Europa verliert ein wenig an Fahrt, weil Georges Pompidou und Willy Brandt nicht recht miteinander warm werden. Und kommt wieder in Schwung mit der Freundschaft zwischen dem liberalen Valéry Giscard d'Estaing und dem Sozialdemokraten Helmut Schmidt. Nach 1982 ist es umgekehrt: Frankreich wird links regiert, Deutschland rechts. Aber das hindert François Mitterrand und Helmut Kohl nicht daran, trotz ihrer so unterschiedlichen Kultur und ihrer unterschiedlichen Lebenswege echtes Verständnis füreinander zu entwickeln. Aber diese Wunder der Alchimie enden mit François Mitterrands Ausscheiden 1995: Es gibt kein Paar Jacques Chirac-Helmut Kohl, Jacques Chirac-Gerhard Schröder, noch nicht einmal Lionel Jospin-Gerhard Schröder, obwohl alle drei bekehrte ehemalige Euroskeptiker sind. Was jedoch interessant ist: Die Mehrheit der Länder der Union wird nun von Sozialisten, Sozialdemokraten oder der Labourpartei, oder zumindest mit deren starker Beteiligung regiert. Ob das linke Europa eine gemeinsame Philosophie entwickeln kann, diesen dritten Weg zwischen Liberalismus und Etatismus, von Tony Blair verkündet und von Lionel Jospin noch verworfen, ob es den freien Markt mit der allen unseren Ländern gemeinsamen Tradition des gesellschaftlichen Ausgleichs in Einklang bringen kann?

Kommen wir zu den letzten Etappen.

1986 nimmt die Gemeinschaft die Einheitliche Akte an, die erste große Reform des Römischen Vertrags: Nun soll wirklich ein Raum ohne Binnengrenzen geschaffen werden. Daraus entsteht die Wirtschafts- und Währungsunion, die direkt zum Maastrichter Vertrag über die Gründung der Europäischen Union führt.

Dann löst sich das kommunistische Europa auf: Ende 1989, Anfang 1990 vergeht keine Woche, in der nicht eins der osteuropäischen Länder, sei es nun die Deutsche Demokratische Republik oder die Tschechoslowakei, Polen oder Rumänien, das von der Sowjetunion nach dem Krieg aufgezwungene kommunistische Regime abschüttelt. Ohne Gewalt, jedoch voller Ernsthaftigkeit und auch mit teils irrigen Hoffnungen auf einen fehlverstandenen Kapitalismus. Aber zum ersten Mal seit 1917 ist unser Kontinent frei von der kommunistischen Bedrohung.

Und Maastricht? Unnötig, es dir zu sagen, dir ist schon alles klar: Der Vertrag ist verzwickt, kompliziert, gut ausgehandelt und schlecht geschrieben, mit unendlich vielen Details und Formalismen. Keine ermutigende Lektüre für die Bürger. Aber was macht das schon, er gewährleistet das politische Funktionieren des großen Binnenmarkts. Und er schreibt eine verstärkte Integration in zwei sehr wichtigen und bislang außerhalb der Zuständigkeit der europäischen Institutionen liegenden Bereichen fest: Außen- und Sicherheitspolitik sowie Inneres und Justiz (das heißt Einwanderung, Asylrecht, Bekämpfung des organisierten Verbrechens …).

Bei dieser Gelegenheit wird aus den drei Europäischen Gemeinschaften (EWG, EGKS und EAG) auch die Europäische Union (EU) – das ist der neue international anerkannte Name der von den Fünfzehn gebildeten Organisation.

Und der Vertrag ermöglicht die Einführung einer einheitlichen Währung.

Die einheitliche Währung ist eine Idee und ein Vorschlag Frankreichs. Anfangs dachte man an eine gemeinsame Währung in Form einer gemeinsamen Recheneinheit, die auf die weiter bestehenden Einzelwährungen angewandt würde, so dass die Scheine und Geldstücke, der Franc in Frankreich und die Mark in Deutschland, weiter in Umlauf geblieben wären. Die einheitliche Währung jedoch sieht im Gegenteil eine völlige Verschmelzung und das endgültige Verschwinden der nationalen Geldscheine und -münzen vor. Wer hatte die Idee? Valéry Giscard d'Estaing oder Raymond Barre, genau weiß man es nicht. Wer hat alles getan, um seine Gesprächspartner zu überzeugen? François Mitterrand.

Der Maastrichter Vertrag wurde im Februar 1992 unterzeichnet. Danach musste er noch von den einzelnen Ländern ratifiziert werden. In den meisten geschah dies nach einem klassischen parlamentarischen Abstimmungsverfahren. So zum Beispiel in Deutschland. Dänemark, in dem keine Einigkeit herrschte, führte einen Volksentscheid durch: Die Mehrheit der Wähler lehnte damals den Vertrag ab. Und Frankreich? Auch hier befürworteten sozialistische Mehrheit und rechte Opposition ein parlamentarisches Verfahren, dessen Ergebnis vorhersehbar und unproblematisch wäre.

Aber der Präsident der Republik, François Mitterrand, hatte innenpolitische Sorgen. Die Regierung Édith Cresson, auf die er große Hoffnungen gesetzt hatte, war gerade gescheitert; Geldgeschäfte, plötzliche Gewinne und undurchsichtige Finanzierungen beeinträchtigten den guten Ruf der Sozialisten. Der neue Premierminister Pierre Bérégovoy weckte wenig Begeisterung, und die Beobachter begannen sich zu fragen, ob François Mitterrand seine zweite siebenjährige Amtszeit noch zu Ende bringen würde.

Wie sollte man die Sozialisten mobilisieren, die Opposition behindern, die Öffentlichkeit ablenken, wieder Initiative zeigen? Mit einem Schock. Staatspräsident Mitterrand beschloss, eine Volksabstimmung über den Maastrichter Vertrag durchzuführen. Was konnte es allem Anschein nach Demokratischeres geben? Zumal das französische Volk genauso wenig wie das deutsche, das belgische, das luxemburgische, das niederländische, das italienische … direkt und per Volksentscheid zu Europa hatte Stellung nehmen können. Nur einmal, als Großbritannien den Beitritt zum Gemeinsamen Markt beantragt hatte. 1972 hatte Präsident Pompidou die europäischer eingestellte sozialistische Opposition in die Zwickmühle bringen wollen und daher ein Referendum zu dieser Frage beschlossen. Er dachte, er könne die Sozialistische Partei zu einem «Ja» zwingen und sie so von den Kommunisten, die natürlich mit «Nein» stimmen würden, trennen – ein «Ja» zu England aber wäre nach seiner Vorstellung auch ein «Ja» zu Pompidou gewesen. Zu Georges Pompidous Pech entschlüpften die Sozialisten dieser Falle, indem sie zur Enthaltung aufriefen. Nur ein Drittel der gemeldeten Wähler folgte dem Präsidenten. Die Intrige hatte nichts genützt. Das lauwarme Ergebnis war kein Gewinn für die damalige rechte Mehrheit und ein Schaden für den Europa-Gedanken.

1992 behalf sich der Sozialist François Mitterrand – der sich bis dahin mit den Volksabstimmungen der Gaullisten nicht hatte anfreunden können – mit einem vergleichbaren Schachzug: Er kündigte sein Referendum überraschend und in letzter Minute an. Er hoffte, die Neogaullisten in zwei Lager pro und contra Europa zu spalten, die Europabefürworter auf seine Seite zu ziehen und so die sozialistischen Stimmen aufzufüllen. Und genau das schien anfangs auch zu funktionieren. Einige neogaullistische Parteiführer beschlossen, von der sich in der Öffentlichkeit abzeichnenden Maastricht-feindlichen Stimmung zu profitieren. Zum Beispiel Charles Pasqua.

Als noch nicht von einem Referendum die Rede war und man lediglich die Vorbereitungen für die Ratifizierung des Vertrags durch die Nationalversammlung und den Senat traf, hatte Charles Pasqua am 2. Juni 1992 erklärt: «Die Ratifizierung der Maastrichter Verträge ist aus einem einzigen […] und in meinen Augen hinreichenden Grund wünschenswert: Frankreich soll bei den anderen europäischen Ländern nicht den Eindruck erwecken, es wolle den europäischen Einigungsprozess unterbrechen [...]. Daher befürworte ich zwar nicht die Maastrichter Verträge an sich, wohl aber deren Ratifizierung [...].»

Aber kaum war vom Referendum die Rede, wandelte sich Charles Pasqua in drei Tagen zu einem entschiedenen Gegner der Ratifizierung des Vertrags, denn er war sicher, sich auf diese Weise ins Rampenlicht rücken und eine starke Position aufbauen zu können. Andere prominente Rechte folgten ihm und entwickelten plötzlich ebenfalls große Bedenken gegenüber Maastricht. Die weiterhin von Europa überzeugten Rechten wie Jacques Chirac saßen nun ganz schön in der Klemme.

Staatspräsident Mitterrand hingegen rieb sich die Hände.

Umfragen zufolge war mit 60% Jastimmen zu rechnen, dann mit 55%. Bislang hatte sich Frankreich wenig um Maastricht gekümmert; nun erlebte es einen heftigen improvisierten Wahlkampf. Die Bürger, bisher von ihren Politikern nie wirklich über Europa informiert, wurden mit hastig zusammengeschusterten, häufig falschen und immer widersprüchlichen Informationen eingedeckt. In abgeschwächter Form wurden die Argumente aus der Schlacht um die EVG wieder vorgebracht – dieselben Lagerbildungen, Gaullisten einig mit den Kommunisten, innerparteilicher Streit, auch in der sozialistischen Partei, die das Aufkommen von Chevènements linkem europafeindlichen Nationalismus erleben musste. Und alle ohnehin Unzufriedenen sahen endlich die Gelegenheit, ihren Regierenden ein entschiedenes «Nein» entgegenzusetzen, ohne sich dabei weiter um Europa zu kümmern.

Die Prognosen für das «Ja» fielen auf 53, dann auf 52, 50 und schließlich auf – begeisternde oder erschreckende – 49%.

Monsieur Mitterrands Schachzug war gescheitert. Im Glauben, seine Macht zu festigen, hatte er die europäische Einigung gefährdet: Wie würden die anderen Unterzeichner des

Vertrags auf den Rückzieher Frankreichs reagieren? Man hatte sozusagen das ganze Haus in Brand gesetzt, um sich ein Süppchen zu kochen.

Zum Glück eilten Valéry Giscard d'Estaing und Jacques Chirac, die sich der Gefahren bewusst waren und parteipolitische Überlegungen beiseite ließen, dem «Ja» zu Hilfe. 51% stimmten für die Ratifizierung des Maastrichter Vertrags – nicht gerade überwältigend.

Wie noch nach jeder Störung kam der europäische Aufbau wieder in Gang: Der – gut oder schlecht – ratifizierte Vertrag von Maastricht war da. Dieses Mal sollte es ein endgültiger Schritt sein, denn elf Länder brachten in einer bewundernswerten Anstrengung den Beschluss zustande, eine einheitliche Währung, den Euro, einzuführen und es den vier übrigen (Großbritannien, Griechenland, Dänemark und Schweden) freizustellen, sich ihnen später anzuschließen.

Erstmals seit der römischen Sesterze gibt es mit dem Euro nun wieder eine einheitliche, in fast ganz Europa gültige Währung. Weil die Wiege Europas aber nicht in Rom, sondern in Griechenland stand – erinnerst du dich an die Abenteuer der Prinzessin Europa? –, wählte man den griechischen Buchstaben Epsilon als Grundlage für das Euro-Logo aus – die zwei Querstriche sollen Stabilität symbolisieren. Aber all das ist nicht mehr Geschichte, sondern Gegenwart.

Frieden ist etwas

Grenzenloses Europa …

Weißt du überhaupt, wie viel Glück du hast? Die europäische Union hat jede Kriegsgefahr im Westen unseres Kontinents gebannt. Meine Generation ist die erste, die keinen Krieg im eigenen Land erlebt hat. Und deine müsste eigentlich die zweite sein. Mehr als fünfzig Jahre ohne Generalmobilmachung, das hat es seit Napoleons Sturz und dem Anfang des 19. Jahrhunderts nicht mehr gegeben.

Das macht man sich natürlich nicht mehr bewusst: Frieden ist etwas Abstraktes. Krieg hingegen ist konkret, mit Toten, mit Bombardements, Flucht, Lagern …

Die europäische Einigung hat die Grenzregion unserer Länder verändert. Sieh dir Mulhouse/Mülhausen mit seiner bewegten deutsch französischen Geschichte an: Im Stadtzentrum ist Platz. Oder Metz, Toul und Verdun. Früher gab es da Kasernen, Kasernen und wieder Kasernen. Innerhalb von nur einer Generation sind die westeuropäischen Länder zu guten Nachbarn geworden.

Die meisten Länder haben sogar die Militärpflicht abgeschafft. Im heutigen Frankreich musst du nicht ein, zwei oder drei Jahre heftig Soldat spielen, durch den Matsch kriechen, deine Stube fegen, einen Feldwebel hassen und eine alberne

bstraktes…

Mütze, einen zu weiten Drillichanzug und ein zu schweres Gewehr tragen. Was dir vielleicht Leid tun wird …

Eine erhebliche Umwälzung, wenn man bedenkt, dass wir durch Jahrtausende hindurch unsere Streitkräfte – Schild und Schwert – an den Grenzen konzentriert hatten.

Und die zweite Auswirkung:

Das geteilte Europa der Nachkriegszeit war ein Europa der Schlagbäume.

Es gab wenig Reisemöglichkeiten. Man brauchte einen Pass, oft sogar ein Visum, um die Grenze zu passieren. Man kam nicht an Devisen, an Pfund oder Lire heran. Noch 1948 und 1949 benötigte man dafür in Frankreich einen dienstlichen Auftrag.

Es gab auch nicht ansatzweise so etwas wie freien Geldverkehr. Es galt sogar als kriminell, Geld aus seinem Land auszuführen: Die anlässlich der Kriegserklärung 1939 eingeführte Devisenkontrolle war Ende der achtziger Jahre immer noch nicht ganz aufgehoben. In Deutschland datierte sie noch aus nationalsozialistischer Zeit.

Die Devisenkontrolle kann durchaus als totalitäre Maßnahme gelten, denn sie schränkt dich beim Reisen, in deinem Alltag und bei deinen Einkäufen ein.

Heute kannst du dir nicht mehr vorstellen, dir jenseits der Grenzen nichts kaufen zu dürfen. Früher brauchte man eine Genehmigung, um Kohle in Deutschland oder Holz in Italien zu kaufen. Die Italiener konnten nur unter Schwierigkeiten französisches Schweinefleisch einführen. Von den Kleinigkeiten ganz zu schweigen – dieses Theater, wenn man Tabak, eine Uhr, Schokolade oder Benzin über die Grenze mitnehmen wollte. Die Zöllner maßen sogar den Benzinstand in den Tanks: Man durfte nicht mehr als zehn Liter ausländisches Benzin nach Frankreich einführen.

Und das dauerte bis zur Umsetzung des Römischen Vertrags 1959, zwei Jahre nach der Unterzeichnung. Dann beginnt man, nach und nach, die Grenzen zu öffnen:

Europa bringt Menschen und Waren in Bewegung und steigert so den Wohlstand.

In den sechziger Jahren darf ein Belgier endlich ein Haus in Frankreich kaufen und dort wohnen, er braucht keine Genehmigung der Präfektur mehr, oder aber er erhält sie automatisch. Es kommt nicht mehr vor, dass man es einem holländischen oder deutschen Herrn Soundso untersagt, sich in einem bestimmten französischen Dorf niederzulassen, und dieses Verbot damit begründet, in drei Kilometern Entfernung von diesem Dorf befinde sich eine militärische Anlage und Herr Soundso könne dem Geheimdienst seines Landes militärische Informationen liefern.

Die Folge der Grenzöffnung: Güter und Waren anderer EU-Länder sind heute ebenso zugänglich wie einheimische Produkte, und alle Frauen und Männer dürfen sich in dem EU-Staat ihrer Wahl niederlassen, um dort zu studieren, sich medizinisch behandeln zu lassen oder ihren Lebensabend zu verbringen. Zehntausende Niederländer und Briten leben heute irgendwo auf dem Land in Frankreich, manche Briten auch in Südspanien, viele Deutsche sind nach Südportugal und in die Toskana gezogen … Wir finden das völlig normal; vor fünfzig Jahren wäre es als Invasion, als Aggression, als eine Gefahr empfunden worden.

Die Europäische Union bedeutet eine echte Erweiterung unseres Lebensraums und eine kulturelle Bereicherung. Wettbewerbe für Architekten und Künstler werden heute europaweit ausgeschrieben. Und ihr Jungen beginnt eure Ausbildung in Grenoble oder Heidelberg und schließt sie in Oslo, Dublin oder Mailand ab. Freilich hat man das Problem der Gleichwertigkeit der Abschlüsse noch nicht ganz gelöst, sodass es bei der Einschreibung an den Universitäten und bei der Niederlassungsfreiheit noch Einschränkungen gibt. Besonders kompliziert ist es in Frankreich. Seit der Krise von 1929 hat es ein unglaubliches System von Prüfungen, Genehmigungen und Satzungen zum Schutz der freien Berufe, der Berufsverbände und Stellen ausgeklügelt. Aber wenn es einem Belgier in Frankreich nicht gelingt, eine Apotheke zu eröffnen oder ein Kino zu bauen, ist das keine Diskriminierung: Ein Franzose hätte mit ebenso vielen Verwaltungsprozeduren zu kämpfen.

Es wird ein starker europäischer Druck entstehen: Die Vereinheitlichungsbemühungen fördern die Vereinfachung beziehungsweise Abschaffung von behördlichen Genehmigungsverfahren. Schon jetzt brauchen wir keinen Pass mehr, wenn wir die Länder bereisen, die das Schengener Übereinkommen unterzeichneten, also fast alle kontinentaleuropäischen Länder bis hin zu den skandinavischen Ländern.

Und jetzt erleben wir eine weitere Etappe der Einigung - durch den Euro.

Dieser einheitlichen Währung verdanken wir so viel Freiheit. Der Geldumtausch blieb die einzige Barriere zwischen Belgien, Deutschland, Spanien, Italien ... Die Grenzen waren kaum noch wahrnehmbar, aber die Währungen verschieden und der Umtausch teuer für die europäischen Bürger. Nur die Banken und Wechselstuben hatten einen Vorteil davon. Heute kannst du in Frankfurt oder Venedig mit den Euros und Cents, die dir dein Bäcker in Paris herausgegeben hat, eine Zeitung kaufen. Der tägliche Umgang mit diesem neuen einheitlichen Geld wird uns ein ungeheures Gefühl von Gemeinschaft und Gleichberechtigung vermitteln. Geld ist geprägte Freiheit, sagte Dostojewski, den mein Volkswirtschaftslehrer Raymond Barre gern zitierte.

Im Jahr 1998 gab es eine weltweite schwere Währungskrise. Die asiatischen Länder hatten schon sehr gelitten, als die Russen im

August ihre Schuldenzahlungen einstellten und den Rubel abwerteten. Überall gerieten die Kurse in Aufruhr, in wenigen Tagen fiel der Dollar um fast zwölf Prozent, der Yen ging auf Talfahrt, der israelische Schekel verlor dreißig Prozent ... Nur in Europa passierte nichts. Dank dem Euro.

Die Paritäten zwischen den europäischen Währungen waren bereits festgelegt, die internationalen Spekulanten konnten nicht, wie sie es früher taten, die Mark gegen den Franc ausspielen. Warum? Weil auf dem Währungsmarkt Mark und Franc schon dasselbe waren. Daher die Stabilität. Die übrigen europäischen Währungen folgten. Ein besonders herausragendes Beispiel war Finnland. Dieses Land liegt Russland am nächsten, hat sogar eine gemeinsame Grenze mit ihm und verkauft nach wie vor viel auf dem russischen Markt, und doch ist die Finnmark stabil geblieben. Im gleichen Zeitraum hatten die anderen skandinavischen Länder, die nicht zur Eurozone gehörten, ernsthafte Probleme: Sie mussten zum Schutz ihrer Währung die Zinsen erhöhen, was die Wirtschaft verlangsamt und die Arbeitslosigkeit fördert. Die elf Euroländer hingegen haben die Zinsen nicht nur nicht erhöht, sie haben sie sogar gesenkt, auch Finnland.

Die Öffentlichkeit in den einzelnen Ländern erlebte damals den direkten und konkreten Nutzen des Euro.

Früher hatte Frankreich noch nicht einmal auf seinem Staatsgebiet eine einheitliche Währung. In vielen großen Städten bewundern wir die prachtvollen Börsengebäude und denken uns weiter nichts dabei. Aber dort wurden die Geldstücke geprägt, die sich von denen der Nachbarstadt unterschieden. Es gab das Pariser Pfund und daneben das aus Tour, aber sie hatten nicht denselben Wert. In Deutschland, Spanien oder Italien war es ähnlich. Als es den einzelnen Ländern gelang, die Ausgabe ihres Geldes zu zentralisieren, brachten sie ihre Entwicklung voran. Und jetzt geht es in einem größeren geographischen Rahmen um Europa.

Der Euro wird nicht alle Probleme lösen, etwa die Arbeitslosigkeit oder die regionalen Diskrepanzen, er mag sogar einige Unterschiede zwischen den Ländern verschärfen. Er wird uns zur Harmonisierung unserer Wirtschafts- und Steuerpolitiken zwingen, und das wird schwierig. Aber wir haben bereits so manche notwendige Reform bewältigt, die man vorher für unmöglich hielt.

Allen voran die Bekämpfung der Inflation: Die Gegner des Euro haben noch vor ein paar Jahren behauptet, die einzelnen Länder würden es nie schaffen, ihre Haushalte und Finanzen so zu konsolidieren, dass sie die Konvergenzkriterien für den Beitritt zur Einheitswährung erfüllen. Doch angespornt durch den Ehrgeiz, beim Euro dabei zu sein, ist es selbst Frankreich und Italien gelungen, ihre ewige Inflation in den Griff zu bekommen.

Und die Errichtung einer unabhängigen Europäischen Zentralbank als Hüterin des Euro:

Viele dachten, dies würde am Widerstand Frankreichs scheitern, denn in Frankreich durfte der Staat traditionell in die Währungspolitik eingreifen – und hat dies auch weidlich ausgenutzt. Französische Währungsfachleute meinten damals, wenn der Staat die Währung nicht mehr beeinflussen könne, dann würden der Spekulation und der Arbeitslosigkeit Tür und Tor geöffnet. Doch die Deutschen blieben in dieser Frage unnachgiebig; sie glaubten, dass sie ihre starke Mark nicht zuletzt ihrer unabhängigen Bundesbank verdankten, und wollten sie den Politikern nicht als Spielball überlassen. Eine gemeinsame Währung aber war nur mit Deutschland und Frankreich denkbar. Ein zähes Ringen begann.

Schließlich wandelte Frankreich allen Unkenrufen zum Trotz seine Zentralbank in eine vom Staat unabhängige Institution (nach dem Vorbild der Deutschen Bundesbank) um und stimmte der Errichtung einer unabhängigen Europäischen

Zentralbank zu. Und mit Erfolg: Die Zinsen sind so niedrig wie niemals zuvor, was Investitionen begünstigt, welche wiederum Arbeitsplätze schaffen. Und billige Kredite ermöglichten es vielen Franzosen, sich Eigentumswohnungen oder Häuser zu kaufen.

Der Euro wird in der Tat einige Missstände beseitigen, die sich nur bei einzelstaatlichen Währungen entwickeln konnten. Bei den Lebensversicherungen zum Beispiel. Dir sind sie Wurscht, aber ich zahle für dich ein. In Frankreich sind die Verdienstspannen der Versicherungen zwanzigmal höher als in den Niederlanden. Die Niederlande – gerade mal zweieinhalb Stunden mit dem TGV entfernt. Die Holländer werden natürlich ihre Policen auch in Frankreich anbieten. Einen Renault oder Peugeot kann man schon jetzt in Belgien oder in den Niederlanden preiswerter erwerben als in Frankreich, Volkswagen sind in Italien billiger als in Deutschland oder Österreich, und das trägt zur Senkung der Preise bei. Beispiele dieser Art gibt es zu Dutzenden.

Nicht nur Preisabsprachen, auch nationale Monopole werden im Zuge der Errichtung des gemeinsamen Marktes und der Einführung des Euro abgeschafft. Und wieder profitieren die Verbraucher davon, denn Konkurrenz belebt das Geschäft und lässt die Preise purzeln. So sind Telefonieren und Fliegen in Deutschland seit der Aufhebung der Monopole von Telekom und Lufthansa kontinuierlich billiger geworden.

Die Wahrheit ist, unsere Länder brauchen Europa, um sich zu erneuern. Kein Politiker würde es laut zu sagen wagen, aber die Hellsichtigsten glauben fest daran.

Wofür die Regierenden lieber nicht die Verantwortung übernehmen möchten, das schieben sie Europa in die Schuhe. Sie fürchten den Popularitätsverlust, sie klagen Brüssel an, als seien sie so etwas wie Befehlsempfänger, als sei es nicht auch ihr Werk. Vergiss nicht, dass die Gemeinschaftspolitik von den nationalen Regierungen ausgehandelt und beschlossen wird.

Ja, es ist nicht sehr fein, sich hinter Europa zu verstecken. Aber wenn sich so Reformen zu niedrigsten Kosten und mit der Unterstützung der Union erzielen lassen, warum nicht?

Das Gute an dieser Harmonisierung zwischen den einzelnen Ländern ist, dass immer nach oben angeglichen wird. Die ärmsten Länder – Irland oder Portugal – profitieren am meisten davon. So zum Beispiel beim Mutterschutz: In einer EU-Richtlinie wurde ein Mindest-Mutterschaftsurlaub von vierzehn Wochen festgelegt, was für Spanien, Portugal und das Vereinigte Königreich ein Fortschritt war. Frankreich hingegen gewährt großzügige sechzehn Wochen, und zwar auch weiterhin. Für alle sozialen Maßnahmen hat sich Europa eine Klausel zur Verhinderung von Rückschritten auferlegt: Kein Mitgliedstaat darf unter Berufung auf eine EU-Richtlinie einen in den eigenen Rechtsvorschriften bereits erzielten Fortschritt zurücknehmen.

Nach wie vor ist die Arbeitslosigkeit das drängendste Problem aller.

Wird Europa auch hier seine Nützlichkeit beweisen können? Man vergleicht und beziffert bereits die einzelstaatlichen Arbeitsmarktplanungen und versucht eine gemeinsame Beschäftigungsstrategie zu entwickeln. Immerhin ist die gemeinschaftsweite Arbeitslosigkeit 1997 bis 2000 kontinuierlich zurückgegangen, im Jahr 2000 war die Quote bei 8,7%, für 2001 erhofft man einen Wert unter 8%. Auch die europäischen Gewerkschaften stimmen sich miteinander ab. Aber die europäische Öffentlichkeit erwartet mehr.

Nun zu dem, was für die Bevölkerungen und Landschaften mit den größten Umwälzungen verbunden war: die Landwirtschaft.

Zu Beginn der fünfziger Jahre konnten die Länder nur mühsam den Eigenbedarf decken: Milch und Eier waren knapp. Inzwischen ist Frankreich nach den Vereinigten Staaten weltweit der zweitgrößte Exporteur landwirtschaftlicher Erzeugnisse, in guten Jahren liegt es sogar an der Spitze.

Ich werde dir nicht die komplexen Mechanismen der gemeinsamen Agrarpolitik, der GAP, beschreiben, auch nicht die Verhandlungen, die Streitereien, die Kompromisse, die an ihrem Anfang standen und ihren Fortbestand begleiteten. Du sollst nur wissen, dass Europa die Umgestaltung und Entwicklung der Landwirtschaft durch die Stützung der Preise subventioniert hat. Denn, und das wird dich nicht wundern, unsere Produktionskosten liegen sehr weit über denen des Weltmarkts, und unsere Erzeugnisse wären unverkäuflich, wenn man sie der internationalen Konkurrenz direkt aussetzte.

Europa hat unsere Landwirtschaft gerettet.

Ich bin immer überrascht über die europafeindlichen Reaktionen vieler und gerade der von den großen Getreidehandelsfirmen und ihren Lobbys manipulierten kleinen Landwirte. Das Phänomen der Landflucht gab es lange vor der gemeinsamen Agrarpolitik. Nachdem die Knappheit der unmittelbaren Nachkriegszeit überwunden war, haben seit 1954 alljährlich Tausende von Landwirten ihre Betriebe aufgegeben. Dafür ist nicht Europa verantwortlich, es existierte noch gar nicht. Es lag an den Traktoren und an den Düngemitteln: Die Mechanisierung und die chemischen Erzeugnisse vermindern den Bedarf an menschlicher Arbeitskraft, und sie erfordern Flurbereinigungsmaßnahmen und Investitionen, für die man sich verschulden muss: ein Todesurteil für die kleinen Betriebe. Frankreich zum Beispiel war von Kleinbauern bevölkert: zwei oder drei Hektar, eine Kuh und eine Ziege. Mit oder ohne Europa hätten diese Betriebe die Modernisierung nicht überlebt. In Frankreich war diese Entwicklung besonders spürbar, weil es mehr Landwirte gab als in den anderen Ländern.

Ab 1962 schützte man die Betriebe durch garantierte Mindestpreise für ihre Erzeugnisse und verhinderte, dass außerhalb der Gemeinschaft erzeugte Produkte auf dem innergemeinschaftlichen Markt billiger verkauft wurden.

Diese Politik brachte viele Nachteile mit sich, zunächst aber bewirkte sie eine enorme Überproduktion. Die Gemeinschaft kaufte zu festgelegten Preisen ganze Butterberge und Milch- und Weinseen zusammen, um sie dann mit Verlust zu verkaufen, zu verschenken oder gar zu vernichten. Die Silos waren voll, die Lagerung kostete Unsummen. Deshalb wurden die Garantiepreise schrittweise gesenkt und die Landwirte nun direkter unterstützt, zum Beispiel durch flächenbezogene Beihilfen je Hektar.

Lange Zeit war Frankreich der Hauptnutznießer der GAP, der Vergleich seiner Einzahlungen in den Unionshaushalt mit dem, was es an landwirtschaftlichen oder anderen Beihilfen erhalten hat, zeigt, dass es im Großen und Ganzen weder verliert noch gewinnt – das heißt, angesichts des Nutzens des einheitlichen Marktes gewinnt es sehr viel. Deutschland war bisher zu seinem Unwillen der große Zahler.

Aber das ist nicht alles: Durch einen besonderen Finanzierungsmechanismus insbesondere für beschäftigungspolitische Maßnahmen, die so genannten «Strukturfonds», unterstützt die Union direkt landwirtschaftlich geprägte und benachteiligte Gebiete wie Süditalien, Nordfrankreich, Ostdeutschland, Korsika, Griechenland und Portugal, das die gemeinschaftliche Dynamik am besten zu nutzen wusste …

Doch die Liberalisierung des Welthandels, der keines unserer Länder allein gewachsen wäre, der weltweit steigende Nahrungsmittelbedarf und die anstehende Osterweiterung stellen neue Anforderungen an unsere GAP. Zudem muss gemäß dem Vertrag von Amsterdam in allen Rechtsvorschriften der Union mehr Gewicht auf Umweltbelange gelegt werden. 1997 veröffentlichte die Kommission daher unter dem Titel «Agenda 2000» ein ganzes Paket von Reformvorschlägen, die 1999 in Berlin von den fünfzehn Mitgliedstaaten genehmigt wurden und sich danach in detaillierten Rechtsvorschriften niederschlugen. So soll unter anderem durch einen weiteren Abbau der garantierten Preise das Preisniveau an die niedrigeren Weltmarktpreise angepasst werden, um den Gemeinschaftserzeugnissen eine bessere Chance auf dem Weltmarkt zu bieten und auch die Integration der neuen mittel- und osteuropäischen Mitgliedstaaten zu erleichtern. Die GAP ist nicht nur einfacher geworden – beispielsweise gibt es inzwischen nur noch eine Wein-Verordnung anstelle der bisherigen dreiundzwanzig – und stärker lokal orientiert – die einzelnen Mitgliedstaaten können Direktzahlungen an die Erzeuger nach eigenen Prioritäten verteilen, solange sie bestimmte EU-Kriterien einhalten –, sie ist auch «grüner» geworden: Die Landwirte werden dazu ermutigt, einerseits die Umwelt zu schonen und andererseits Nahrungsmittel herzustellen, die der Gesundheit nicht schaden.

Wie wichtig ein Umdenken war, macht auch der BSE-Skandal deutlich, der sehr wahrscheinlich auf die Verfütterung von Tiermehl an Pflanzenfresser zurückzuführen ist. Die Union traf eine Reihe von Maßnahmen zur Eindämmung dieser Krankheit, seit 1994 ist das Verfüttern von Tiermehl an Rinder, Schafe und Ziegen verboten, seit dem 1. Januar 2001 werden BSE-Schlachtkörper-Schnelltests bei besonders gefährdeten Tierarten durchgeführt. Natürlich können auch diese europäischen Maßnahmen nur wirksam sein, wenn die einzelnen Staaten die Durchführung strikt kontrollieren. Außerdem wurden für die geschädigten Bauern Hilfen vorgesehen. In Nizza stellte der Rat noch einmal grundsätzlich fest, dass sowohl Menschen als auch Tiere Anspruch auf unbedenkliche Nahrung haben, und äußerte die Hoffnung, dass die von der Kommission vorgeschlagene Europäische Lebensmittelbehörde schon Anfang 2002 ihre Arbeit aufnehmen kann.

Wie die Europäische Union funktioniert

Du hast mich neulich gefragt, wie Europa in Brüssel eigentlich funktioniert. Aber dann hast du gleich abgewinkt: Zu kompliziert, zu langweilig, dachtest du, ich werd's eh nicht verstehen. Deine Reaktion ist ziemlich verbreitet. Europa hat sich nicht sonderlich bemüht, seinen Bürgern die eigene Arbeitsweise verständlich zu machen.

...eigentlich ga

Und deshalb hält man es, sehr zu Unrecht, für einen fernen, anonymen und bisweilen feindseligen Verwaltungsapparat und ist völlig verblüfft, wenn die Kommission in Brüssel auf Betreiben des Europäischen Parlaments zurücktritt.

Es ist eigentlich gar nicht so kompliziert. Pass mal einen Augenblick lang auf, Alexandre.

Die Europäische Union ruht auf drei institutionellen Pfeilern: Ministerrat, Kommission und Parlament.

Man könnte noch den Europäischen Gerichtshof hinzufügen, dessen Nutzen dir klar sein dürfte: Er sorgt dafür, dass sich widerspenstige Staaten, wie zum Beispiel Frankreich, das trotz der Brüsseler Entschließungen weiterhin die Gartenammern ausrotten will, an die gemeinschaftlichen Richtlinien halten.

Zunächst der *Ministerrat* oder *Rat der Europäischen Union.* Eigentlich müsste man «die Räte» sagen, denn seine Zusammensetzung richtet sich nach dem behandelten Thema: Tagung der fünfzehn Wirtschafts- und Finanzminister über Wirtschafts- und Finanzfragen, der Landwirtschaftsminister über Landwirtschaftsprobleme, der Fischereiminister, der Umweltminister, der Verkehrsminister, der Minister für Kultur usw. Der Rat, dem im Laufe der Jahre am meisten Bedeutung zugewachsen ist, ist der Rat der Wirtschafts- und Finanzminister. Klar, wegen der Ausarbeitung des gemeinsamen Marktes und dann der Wirtschafts- und Währungsunion. Der zuständige französische Minister widmet inzwischen zwei Drittel seiner Zeit internationalen und Gemeinschaftsangelegenheiten.

nicht kompliziert

Der Rat kommt je nach aktueller Lage etwa einmal pro Monat zusammen. Er trifft die endgültigen Entscheidungen im Namen der Europäischen Union. Und auch im Namen der Mitgliedstaaten, denn diese entscheiden letzten Endes mit der Stimme ihrer Minister. Lange Zeit wurden die Beschlüsse einstimmig gefasst. Im Europa der Fünfzehn greift man, um nicht allzu häufig blockiert zu sein und den politischen Willen zur Einheit zu zeigen, auf die qualifizierte Mehrheit zurück, die im Dezember 2000 in Nizza neu definiert wurde. Ein Beschluss kann von den Fünfzehn nur gefasst werden, wenn ihm mindestens acht Mitgliedstaaten mit mindestens 170 der derzeit insgesamt 237 Stimmen zustimmen und diese Staaten mindestens 62% der EU-Bevölkerung repräsentieren. Das letzte Kriterium wird auf Antrag geprüft und bedeutet, dass beispielsweise Deutschland – das dieselbe Stimmenanzahl (29) wie Frankreich, aber eine größere Bevölkerung hat – mit nur zwei großen Partnern alle neuen Beschlüsse verhindern kann.

Nacheinander übernehmen alle Mitgliedstaaten für jeweils sechs Monate den Vorsitz im Rat der Union. Ursprünglich war es mehr ein Ehrenamt. Aber inzwischen hat sich der Aufgaben- und Zuständigkeitsbereich des Rates erweitert und somit auch der des Vorsitzes. Das Vorsitzland soll Kohärenz und Kontinuität beim Aufbau Europas wahren, für eine rasche Erörterung der Probleme sorgen und im Falle von Meinungsverschiedenheiten zwischen zwei oder mehr Mitgliedstaaten eine Einigung aushandeln.

Die zweite Institution: die *Europäische Kommission*, die bei ihrem spektakulären Rücktritt im März 1999 auf den Titelseiten aller Zeitungen prangte. Wie werden ihre Mitglieder ernannt? Von den einzelnen Staaten. Die großen Länder – Frankreich, Deutschland, Großbritannien, Italien – dürfen zwei Kommissare ernennen, die kleinen Länder nur einen. Ab 2005 jedoch, so wurde in Nizza beschlossen, sollen auch die großen Länder auf ihren zweiten Kommissar verzichten, dann gilt das Ein-Land-ein-Kommissar-Prinzip. Derzeit gibt es insgesamt zwanzig Kommissare, die theoretisch für fünf Jahre in Brüssel bleiben.

Die Kommission hat ein Vorschlagsrecht, ist aber vor allem für die Umsetzung der vom Ministerrat beschlossenen Politik zuständig. Außerdem ist sie die Hüterin der Verträge: Sie leitet die Rechtsverfahren gegen diejenigen Staaten ein, die sich nicht an die Verträge halten.

Der Kommissionspräsident wurde bisher von den Staats- und Regierungschefs der Fünfzehn für fünf Jahre ernannt, in Zukunft soll er vom Ministerrat mit qualifizierter Mehrheit gewählt werden. Er hat in der internationalen Gemeinschaft den Rang eines Staatschefs: So entspricht es dem Protokoll und seinen Befugnissen. Für uns alle, auch für die Nichteuropäer, ist er der sichtbarste Europäer. Erinnerst du dich an Jacques Delors? … Ja, genau, der Herr mit den blauen Augen, der ein wenig melancholisch wirkte und sich weigerte, für das Amt des französischen Staatspräsidenten zu kandidieren, obwohl er tolle Prognosen hatte. Also, Jacques Delors war zehn Jahre lang ein wunderbarer Präsident der Kommission. Er wurde von dem Luxemburger Jacques Santer abgelöst, die damaligen Regierungen hatten ihn bestimmt, weil er so zurückhaltend und versöhnlich war, und genau das wurde ihm dann später zum Vorwurf gemacht. Der energische Romano Prodi, ein Italiener, übernahm seine Nachfolge.

Die Kommissare und ihr Präsident verkörpern Europa: Sie müssen ihr Herkunftsland vergessen und ausschließlich den Interessen der Union dienen. Auch Jacques Delors hat Standpunkte vertreten, die von Frankreich angegriffen wurden, ohne dass ihn dies zu einer Meinungsänderung bewogen hätte. Die Kommission ist zwar nicht rechtlich, wohl aber politisch verantwortlich, was sie mit ihrem Rücktritt im März 1999 bewies.

Die dritte Institution: das *Europäische Parlament*. Anfangs wurden die Abgeordneten noch innerhalb der einzelstaatlichen Parlamente bestimmt. Seit 1979 jedoch werden in sämtlichen Mitgliedstaaten allgemeine Europawahlen durchgeführt, was dem Parlament ein deutlich größeres Gewicht verleiht. Die Zahl der für fünf Jahre gewählten Abgeordneten hat sich mit zunehmender Erweiterung der Union erhöht, vor zehn Jahren waren es nur 410, inzwischen sind es 626. Aber wie immer es weitergeht, mehr als 732 dürfen es nicht werden – das haben die Mitgliedstaaten im Dezember 2000 in Nizza beschlossen.

Ein Problem sind die unterschiedlichen nationalen Wahlsysteme.

Großbritannien beispielsweise ist noch nicht bereit, das von den meisten anderen Ländern praktizierte Verhältniswahlrecht anzuwenden.

Das Europäische Parlament prüft den von der Kommission vorgelegten Haushaltsplan der Union. Seit 1975 kann es ihn sogar ablehnen. Außerdem kontrolliert es die Politik der Kommission und kann sie gegebenenfalls – mit einer Zweidrittelmehrheit – zum Rücktritt zwingen. Die Abgeordneten haben dies kürzlich im Zusammenhang mit einer Veruntreuung von Geldern angedroht, was die Kommission unter Jacques Santer stark ins Wanken brachte. Nachdem ein Rat der Weisen die Vorwürfe schlechter Geschäftsführung erneuerte, trat die Kommission geschlossen zurück, um nicht durch ein Misstrauensvotum des Parlaments formal abgesetzt zu werden. Die Sache erregte viel Aufsehen und war für kurze Zeit Wasser auf die Mühlen der Euroskeptiker in Frankreich und in den anderen Ländern. Was eher ulkig ist, wenn man bedenkt, dass dieselben Menschen in ihren eigenen Parteien oder politischen Gremien weit schlimmere und oft ungestrafte Veruntreuungen hinnehmen.

In jedem Fall aber war die Sache ernst, Vertrauens- und Wachstumskrise eines Gemeinschaftsorgans, das – was immer manche Leute auch behaupten mögen – zu wenig Personal hat für die immer schwereren Aufgaben, die ihm von Vertrag zu Vertrag zufallen: die eines Exekutivorgans, das nicht ganz eines ist, dessen Beschäftigte unterschiedlichen Nationalitäten angehören und für dessen Verwaltungspraxis es nur unzureichende Vorschriften gibt. Vor allem aber wird die Institution mit den strengen und vom französischen Zynismus weit entfernten skandinavischen und deutschen Moralmaßstäben gemessen.

Grundsätzlich jedoch wirst du zugeben müssen, dass eine einem souveränen Parlament verantwortliche Kommission gar nicht so schlecht ist für eine Organisation, der man gern Demokratiemangel vorwirft, und dass ein sauberer Rücktritt besser ist als die endlosen juristischen Verfahren, die man andernorts gewohnt ist.

Letzten Endes ist diese beispielhafte moralische Empörung vielleicht heilsam, wenn dadurch die jeweiligen Befugnisse des

Parlaments und der Kommission klarer definiert und damit gestärkt werden.

Üblicherweise richtete das Parlament vor allem schriftliche oder mündliche Anfragen an den Rat oder die Kommission; es hat nämlich ein Änderungsrecht. Seit den Verträgen von Maastricht (1992) und Amsterdam (1997) aber brauchen die neuen europäischen Kommissare und ihr Präsident das Vertrauen der Abgeordneten, das diese ihnen per Abstimmung gewähren oder verweigern.

In vielen Bereichen teilt sich das Parlament inzwischen die Entscheidungsbefugnis mit dem Ministerrat: Freizügigkeit der Arbeitnehmer, Niederlassungsfreiheit, Binnenmarkt, Forschung, Umwelt, Verbraucherschutz usw.

Die Abgeordneten sind den Bürgern definitionsgemäß näher und achten stärker auf die Rechte des Individuums. Sie ernennen den Europäischen Bürgerbeauftragten, der die Klagen unzufriedener Bürger entgegennimmt und ihnen nachgeht. Obwohl es ein europäisches Parlament ist, gibt es doch auch nationale Unterschiede; so sind die französischen Abgeordneten neben den italienischen die am wenigsten engagierten.

Die Plenartagungen des Parlaments finden in Straßburg, also in Frankreich, statt. Die meiste Zeit verbringen die Parlamentarier aber in Brüssel, denn dort findet die Arbeit in den Ausschüssen statt. Der Generalsekretär des Parlaments wiederum ist mit seinen Dienststellen in Luxemburg untergebracht. Ein Dauerumzug von Beamten und Akten! Die Aufsplitterung und das dadurch bedingte ständige Hin und Her sind eine Belastung für die Abgeordneten – ihre Wähler merken davon nichts.

Der Zusammenhalt der europäischen Institutionen beruht auf dem Machtgleichgewicht zwischen den drei Organen. Der Rat repräsentiert die Mitgliedstaaten und trifft die endgültigen Entscheidungen. Die Kommission schlägt vor und führt die

Geschäfte: Sie muss die gesamtgemeinschaftlichen Interessen vertreten. Das Parlament kontrolliert und wird diese Aufgabe immer stärker wahrnehmen; so ist es in allen Parlamenten, seit Großbritannien im 18. Jahrhundert die repräsentative Demokratie neu erfunden hat.

Nimm zum Beispiel den Haushaltsplan. Er ist die Hauptsache:

Das Budget der Europäischen Union beträgt rund 94 Milliarden Euro.

Nur zum Vergleich: Das französische Budget beläuft sich auf 243 Milliarden Euro. Auch der deutsche Bundeshaushalt sah für 2000 Ausgaben in Höhe von gut 478 Milliarden D-Mark, also etwa 243 Milliarden Euro, vor. Die Union muss mit ihrem Budget sämtliche Ausgaben bestreiten. Der größte Brocken ist der Agrarhaushalt, also die Subventionen für die europäischen Bauern (über 43 Milliarden Euro), dicht gefolgt von den Hilfen (fast 40 Milliarden Euro) für strukturschwache Regionen mit geringer Wirtschaftskraft und hoher Arbeitslosigkeit – wie etwa in Portugal, Irland oder in den neuen Bundesländern.

Der europäische Haushaltsplan muss vom Ministerrat angenommen und auch dem Parlament zur Billigung vorgelegt werden. Und da beide in diesem Bereich gleichberechtigte Entscheidungsbefugnis haben, müssen sie sich einigen. Was nicht immer gelungen ist. Schon mehrmals wurde der Haushaltsplan des Vorjahres verlängert und auf neue Ausgaben verzichtet, weil Rat und Parlamentarier keinen Kompromiss finden konnten. So hat die Union manchmal ohne den Haushaltsvorschlag gearbeitet, außer in einem Bereich: der Landwirtschaft. Warum? Weil die Agrarausgaben aufgrund eines Kompromisses zwischen den am stärksten landwirtschaftlich orientierten Ländern wie zum Beispiel Frankreich und den anderen Mitgliedstaaten Pflichtausgaben sind, bei denen das Parlament also kein Mitspracherecht hat. Eine heikle Sache, an die man nicht zu rühren wagt. Aber das Europäische Parlament wird sich nicht auf Dauer von einem so wichtigen Thema ausschließen lassen.

Wird gegen die Regeln verstoßen, so kann der Europäische Gerichtshof die Rückzahlung der zu Unrecht gewährten Hilfen verlangen; im Fall illegaler Absprachen kann er sogar Bußen verhängen. So wurde der Volkswagen-Konzern in erster Instanz zu einer Strafe von 90 Millionen Euro verurteilt, weil er nach Auffassung der Richter gegen die Regeln des freien Binnenmarkts verstoßen hat. VW soll seine italienischen Händler daran gehindert haben, Fahrzeuge an Kunden aus anderen EU-Ländern zu verkaufen. Deutsche und Österreicher konnten daher nicht von den günstigeren Preisen in Italien profitieren. In der Europäischen Union aber habe VW nicht das Recht, einen nationalen Markt derart abzuschotten, befand das Gericht.

Der Gerichtshof nimmt nicht nur zu Verstößen von einzelnen Mitgliedstaaten oder Unternehmen Stellung, sondern meistens zu Fragen, die zwischen zwei verschiedenen Gemeinschaftsorganen strittig sind. Die Kommission greift den Rat an und umgekehrt. Das Parlament lässt sehr oft die Kommission vorladen. Weniger bekannt ist, dass auch ein einfacher Bürger den Gerichtshof gegen seinen eigenen Staat anrufen kann, wenn er meint, er sei in seinen Rechten verletzt worden. 1996 beispielsweise klagte eine 22-jährige Deutsche, weil sie sich aufgrund ihres Geschlechts von der Bundeswehr diskriminiert fühlte. Ihre Bewerbung um einen Posten bei der Instandsetzung von Waffenelektronik beim Kreiswehrersatzamt war nämlich mit dem Hinweis abgelehnt worden, das deutsche Grundgesetz verbiete Frauen den Dienst an der Waffe. Der Europäische Gerichtshof gab der jungen Frau Recht. Seiner Ansicht nach verletzte der generelle Ausschluss der Frauen vom Dienst an der Waffe in der Bundesrepublik die Gleichstellungsrichtlinie der EU und kam einem «Berufsverbot» gleich. Dieses Urteil ebnete den deutschen Frauen den Weg in die militärischen Berufe der Bundeswehr.

So entsteht nach und nach eine für die Zukunft entscheidende europäische Rechtsprechung, die Vorrang vor einzelstaatlichem Recht erhält. Diese Urteile dienen der Integration, wenngleich sich Europa schon immer in Länder römischen und solche angelsächsischen Rechts, also Länder mit im Widerspruch zueinander stehenden Rechtssystemen, aufgliederte.

Im Laufe dieser beständigen Auslegung der aufeinander folgenden Verträge entwickelt sich die Europäische Union weiter.

Die letzte, zunächst informelle, dann im Vertrag von Maastricht institutionalisierte Instanz ist der Europäische Rat, in dem zweimal jährlich, nötigenfalls auch öfter, die Staats- und Regierungschefs zusammenkommen. Wieso Staats- und Regierungschefs? Weil Frankreich eine besondere Verfassung hat. Sein Staatschef, der Präsident, übt eine ungeheure Macht aus, es sei denn, er muss sie im Rahmen der so genannten «cohabitation» mit dem Premierminister teilen. Das Staatsoberhaupt nimmt also gemeinsam mit seinem Regierungschef am Europäischen Rat teil. Und diese Doppelpräsenz von Mitterrand und Chirac, dann Mitterrand und Balladur, schließlich Chirac und Jospin hat nie zu irgendwelchen dramatischen Auftritten geführt; ob von rechts oder von links: Frankreich spricht mit einer Stimme. In den anderen Ländern steht der Premierminister beziehungsweise Ministerpräsident oder Bundeskanzler der Regierung allein vor. Die Königin von England und der deutsche Bundespräsident dürfen also zu Hause bleiben.

Diese Gipfeltagungen – die von dem damaligen französischen Staatspräsidenten Valéry Giscard d'Estaing angeregt wurden – sind überaus wichtig. Zwar werden keine Rechtsvorschriften erlassen, aber sie spielen politisch eine bedeutende Rolle: Auf dem Gipfel werden die nächsten Phasen der Union festgelegt.

So, damit hast du eine rasche und fast vollständige Runde durch die Institutionen gedreht.

So schlimm war's ja nicht und auch nicht komplizierter als die französischen Institutionen der V. Republik oder die ungeschriebene Verfassung des Vereinigten Königreichs. Soll ich noch einmal wiederholen? Ministerrat: Entscheidungen, Kommission: Vorschläge und Verwaltung, Parlament: Kontrolle, Gerichtshof: Bestrafung.

Und der Verwaltungsapparat? Natürlich gibt es ihn, und er produziert tonnenweise Papier. Aber so groß, wie viele meinen und beklagen, ist er auch wieder nicht. Die Verwaltungsausgaben machen fünf Prozent des Gesamtbudgets aus. Die Union beschäftigt etwa 40 000 Beamte, darunter sind auch die Übersetzer für die elf Sprachen der Union. Insgesamt kommen damit nur fünf Beamte auf 100 000 Einwohner, in den einzelnen Ländern Europas sind es im Schnitt 2300 Beamte pro 100 000 Einwohner. Der Aufruhr im Frühjahr 1999 hat sogar ein großes Manko im System bloßgelegt: Weil die Verwaltung nicht über genügend Personal verfügte, musste sie für einen Teil der Arbeit Privatfirmen unter Vertrag nehmen, die somit tatsächlich öffentliche Gemeinschaftsgelder verwalten.

Die europäischen Beamten zahlen eine Einkommensteuer, die sofort einbehalten wird und in den Unionshaushalt zurückfließt. Ich sage dir dies, weil General de Gaulle, wenn er sich mal wieder über Europa und Brüssel aufregte, regelmäßig ausrief: «Und noch dazu zahlen diese Leute keine Steuern!» Das stimmt nicht mehr, aber das hätte den General auch nicht milder stimmen können.

Das – unverzichtbare – bürokratische Räderwerk ist natürlich schwerfällig und pannenanfällig, aber was bedeuten diese Nachteile angesichts der vom Maastrichter Vertrag eröffneten Perspektive: der kürzlich beschlossenen Schaffung einer Europabürgerschaft? «Unionsbürger ist, wer die Staatsbürgerschaft eines Mitgliedstaates besitzt.» Bürger Europas, ein schöner und, wie dir inzwischen klar sein dürfte, im Verlauf von 2000 Jahren Geschichte seltener Titel.

Schon bald wird sich Europa noch weiter ausdehnen – das lag immer in der Absicht nicht nur der sechs, sondern auch der fünfzehn Mitgliedstaaten. Seine vom Euro noch gesteigerte Anziehungskraft wächst. Seit dem Fall der Berliner Mauer wollen die ehemaligen Ostblockländer, die wir lange vernachlässigt haben, beitreten. Erst müssen sie noch einige Bedingungen erfüllen, damit ihr Beitritt die Union nicht aus dem Gleichgewicht bringt. Die alte Bundesrepublik Deutschland hat sich auf einen Schlag mit Ostdeutschland vereinigt; ein teures und mühsames Unterfangen, zumal die neuen Bundesländer wirtschaftlich immer noch nachhinken. Ein so brutales Experiment sollte man mit anderen Ländern nicht wagen.

Deshalb laufen bereits jetzt die Vorbereitungen und Verhandlungen. Es wird gar nicht so einfach sein.

Die Union hat die ersten sechs Kandidaten bereits ausgewählt: Ungarn, Polen, die Tschechische Republik, Estland, Slowenien und Zypern. Das Bruttoinlandsprodukt dieser Länder beträgt weniger als die Hälfte des BIP der Unionsländer, sie sind hoch verschuldet, und ihre Währungen sind oft nicht stabil; ihre Landwirtschaft produziert billiger als unsere, was für Unruhe sorgt:

Werden wir Länder subventionieren, damit sie uns dann Konkurrenz machen?

Kurz: Man diskutiert immer noch. Die betreffenden Länder führen unter großen Mühen Reformen durch, um sich dem europäischen Durchschnitt wirtschaftlich und organisatorisch anzunähern.

Wann der Beitritt erfolgen soll? Im Juni 2001 in Göteborg bekräftigten die Staats- und Regierungschefs, auch mit der Zustimmung Frankreichs und Deutschlands, die sich bisher gegen feste Terminzusagen gesperrt hatten, den Nizzaer Zeitplan. Wenn die Fortschritte bei den Anpassungsbemühungen anhalten, sollen die Verhandlungen mit den ersten Beitrittsländern bis Ende 2002 abgeschlossen werden. Denn: «Ziel ist, dass sie als Mitglieder an den Wahlen zum Europäischen Parlament 2004 teilnehmen können.»

Ob das nicht ein leeres Versprechen sei, wirst du fragen und darauf hinweisen, dass die Iren in einer Volksabstimmung, und zwar auch im Juni 2001, den Vertrag von Nizza abgelehnt haben. Tatsächlich wird dadurch vieles unsicherer, andererseits bietet dieses Referendum vielleicht die Chance, parallel zu den Beitrittsverhandlungen und den Ratifizierungsverfahren einige der nicht nur von den Iren bemängelten Unklarheiten und Unzulänglichkeiten des Vertrags von Nizza «auszubügeln». Bei aller Großzügigkeit öffnet sich die Union auch mit Vorsicht, und wir dürfen auf die nächsten Entwicklungen gespannt sein.

Doch die Beitritte werfen ein weiteres Problem auf: die Arbeit unserer Organe.

Was im Europa der Sechs oder der Neun noch einigermaßen funktionierte, ist schon im Europa der Fünfzehn nicht mehr so einfach. Stell dir nur mal vor, wie schwierig es ist, vom Finnischen zum Griechischen überzugehen, oder vom Spanischen zum Dänischen. Und wie soll es erst werden, wenn auch noch Ungarisch und Polnisch hinzukommen? Wie soll man sich zu einundzwanzig einigen und später zu dreißig? Die Union hat versucht, das Problem im Vertrag von Amsterdam (1997) zu lösen, den Frankreich nicht ohne Zögern ratifiziert hat. Aber im Amsterdamer Vertrag ist die Institutionenfrage genauso wenig geregelt wie im Maastrichter Vertrag – die eingreifendsten Reformen, vor allem die neue Gewichtung der Stimmen der einzelnen Mitgliedstaaten im Ministerrat und die Höchstgrenze für die Anzahl der Kommissare, wurden erst in Nizza beschlossen.

Und dennoch bedeutete schon der Vertrag von Amsterdam einen wahrhaften Fortschritt im Hinblick auf die Integration.

Erstens begünstigt er die Freizügigkeit und fördert die Zusammenarbeit von Polizei und Justiz. Zweitens wirkt er auf die

Entwicklung einer gemeinsamen Außenpolitik hin. Wir haben ja gesehen, wie uneinig und zaghaft Europa gegenüber den Vereinigten Staaten war, als es um Ex-Jugoslawien, den Irak, die Afrika-Probleme ging. Das musste sich dringend ändern, und im Vertrag ist die Einsetzung einer oder eines Verantwortlichen für die Außenpolitik vorgesehen, der die diplomatische Linie der Union in internationalen Verhandlungen vertritt. Auf dem Gipfel im Juni 1999 in Köln wurde der ehemalige NATO-Generalsekretär Javier Solana zum Hohen Vertreter der Gemeinsamen Außen- und Sicherheitspolitik (GASP) ernannt. Seine Rolle ist jedoch nicht die eines eigenständigen «EU-Außenministers», er vertritt vielmehr über einen größeren Zeitraum hinweg die ja halbjährlich wechselnden Ratspräsidentschaften als Ansprechpartner für das «Ausland». Er koordiniert die vom Rat beschlossenen Außenpolitiken und weist ihn, auch in seiner Funktion als Leiter der Frühwarneinheit, auf außenpolitische Erfordernisse und wünschenswerte Zielsetzungen hin. Sicher einer der gewagtesten Vorstöße, da die Staaten, die Minister und Behörden sehr von der Überlegenheit der althergebrachten Diplomatie überzeugt sind. Seit einem halben Jahrhundert jedoch – das beweist die Existenz der Europäischen Union – hat die Wirtschaft mehr Gewicht: Der Wettbewerbskommissar hat bereits mehr Einfluss als seine für die traditionellen Ressorts zuständigen Kollegen.

Drittens fördert der Amsterdamer Vertrag den Umweltschutz und ein besseres Zusammenwirken der Gesundheitspolitiken. Und er ermöglicht es der Union, strafend einzugreifen, falls eines der Mitglieder gegen die Menschenrechte verstoßen sollte.

Viertens enthält er nach vielen Anläufen nun endlich ein Kapitel zur Beschäftigung. Die einzelnen Politiken zur Bekämpfung der Arbeitslosigkeit sollen koordiniert werden, das bedeutet einen Schritt zur Sozialunion. Diese ist nämlich, wenngleich schon an ihr gearbeitet wird, noch nicht realisiert worden. Auch hier dürfte der Euro zur Beschleunigung, aber auch zu Komplikationen beitragen.

Vieles ist auch auf dem Gipfel in Nizza geregelt worden, nicht nur hinsichtlich der Institutionen und Beschlussfassungsverfahren, auch für das soziale Europa wurden durch die so genannte Sozialagenda mit konkreten Maßnahmen für die kommenden fünf Jahre Weichen gestellt. Vor allem aber wurde die Charta der Grundrechte feierlich verkündet, der modernste Text dieser Art überhaupt (na klar, wirst du sagen, wenn sie ihn gerade erst ausgetüftelt haben). So ist sie nicht nur völlig geschlechtsneutral, sie enthält auch einen sehr deutlichen Gleichstellungsartikel, der die Diskriminierung aufgrund von genetischen Merkmalen, der Zugehörigkeit zu einer Minderheit oder der sexuellen Ausrichtung untersagt. Zudem wird in ihr der Zusammenhang zwischen den politischen und den sozialen Bürgerrechten berücksichtigt und ein Recht des Bürgers auf gute Verwaltung festgeschrieben, ebenfalls eine Neuheit. Und vielleicht werden wir einmal froh sein, dass sie das Klonen von Menschen verbietet.

Eine wunderbare Sache also, die Charta der Grundrechte, mit nur einem Nachteil: Solange sie nicht in die Verträge aufgenommen wird, ist sie nicht rechtsverbindlich. Und damit wären wir bei den vielen Dingen, die sich der Rat in Nizza und jüngst in Stockholm für die Zukunft vorgenommen hat: den Status dieser Charta zu klären, die Verträge ohne inhaltliche Veränderung einfacher und verständlicher zu formulieren, die Kompetenzen zwischen Brüssel und den Mitgliedstaaten besser abzugrenzen, die in Lissabon beschlossenen Strukturreformen durch die Schaffung von mehr und besseren Arbeitsplätzen und durch die Anpassung der Ausbildung an den Fortschritt der Informationstechnologien endlich in Angriff zu nehmen … Lieber Alexandre, du siehst, Europa ist eine riesige Baustelle, mit fantastischen Fortschritten, aber eben auch mit ärgerlichen Stockungen.

Die Miesmacher

Wie kann man überhaupt gegen Europa sein? Mir ist das immer vorgekommen wie eine Art Kampf gegen sich selbst, als wolle man das Offensichtliche leugnen und die tragischen Verirrungen in unserer langen Geschichte vergessen. Und doch wirst du auch heute noch hören, wie alle möglichen Leute die Europäische Union anfeinden, ihr üble Machenschaften und Komplotte unterstellen und zu ihren Lasten ein nationales Ideal aus einer wunderschönen, allerdings nicht mehr genau datierbaren Vergangenheit hochhalten. Woran immer man etwas auszusetzen hat, an der Kneipe, der Schokolade, am Supermarkt, an den Nachbarn oder den Steuern, man wird es Europa zur Last legen – auch eine Möglichkeit, unerfreuliche Entwicklungen zurückzuweisen, sich für unzuständig zu erklären und ein Ventil für sein Misstrauen gegenüber den anderen und für Zukunftsängste zu finden, die man sonst kaum aussprechen würde.

Ich will gar nicht von den Faschisten und den Kommunisten reden, deren Demagogie allzu leicht zu durchschauen ist. Oder gar von den gewalttätigen «Gipfelanarchisten», die noch jüngst in Göteborg ihr Unwesen trieben. Betrachten wir lieber die ernst zu nehmenden Europagegner. Sie sprechen eine ganz andere Sprache und bestimmen einen nicht unerheblichen Teil der öffentlichen Meinung. Im Allgemeinen kritisieren sie nicht Europa an sich, sondern seine Zielsetzungen und Methoden. Allen Realitäten abhold, befürworten sie ein anderes Europa, das den ungeheuren Vorzug der Vollkommenheit hat, eben weil es nicht existiert. Brüssel ist für sie ein Schlupfwinkel bösartiger

en und Komplotte

Eurokraten, denen es an Gefühl, Menschlichkeit und gesundem Menschenverstand fehlt und die aus purer Launenhaftigkeit heraus abwegige Vorschriften ausarbeiten. Unzählige Beamte, die einen gefräßigen Behördenapparat leiten, märchenhafte Gehälter beziehen und nichts anderes im Sinn haben, als den einzelstaatlichen Interessen zu schaden. So kursieren Gerüchte, vorgefasste Meinungen, niemals überprüfte Behauptungen und frei erfundene Zahlen. Zur Unterhaltung und als Argumentationshilfe gibt es Sammlungen solcher Geschichten. Hier einige absurde Beispiele aus Frankreich:

«Die Europäische Kommission erlässt Vorschriften für alles und jedes und regelt jetzt sogar noch die Gurkenkrümmung.» Zunächst einmal erlässt die Kommission keine Gesetze, sie arbeitet lediglich Vorschläge aus, welche von den im Rat versammelten Ministern der Mitgliedstaaten angenommen oder abgelehnt werden. Was die Gurken angeht, so gibt es tatsächlich unterschiedliche Handelsklassen, krumme und gerade, und zwar auf Wunsch der Berufsorganisationen, Brüssel trägt keine Schuld daran.

«Die Kommission wollte das Tragen von Holzschuhen auf den Bauernhöfen verbieten.» In der Tat gibt es eine Richtlinie über die Sicherheit der Ausrüstung von Landarbeitern. Aber Holzschuhe kommen darin nicht vor. Außerdem trägt man auf dem Land schon lange keine Holzschuhe mehr, sie sind viel zu unbequem, und überall gibt es ausgezeichnete und deutlich preiswertere Gummistiefel zu kaufen.

«Die Kommission untersagt die Verwendung bestimmter Maden als Angelköder, um ihnen den Stress bei der Befestigung am Haken zu ersparen.» Dieses Gerücht beruht auf einer im Fernsehen über-

tragenen Erklärung eines französischen Abgeordneten, die Kommission hingegen hat sich noch nie mit Maden befasst.

«Brüssel will französische Rohmilchkäse wie Reblochon, Saint-Nectaire und Pont-l'évêque verbieten, um den Verkauf miesen Goudas aus den nördlichen Ländern zu fördern.» Das bringt uns natürlich alle aus der Fassung! Dieses Gerücht entstand im Frühjahr 1992 und ist trotz aller Dementis immer noch in Umlauf. Ganz im Gegenteil wurden in Brüssel Maßnahmen zur Förderung des freien Handels mit diesen berühmten Käsesorten getroffen. Die im Juni 1992 erlassenen Bestimmungen orientieren sich an den vorherigen französischen Vorschriften.

Besser noch: Die Union hat das französische System der kontrollierten Herkunftsbezeichnung übernommen. Ein in Italien hergestellter Käse darf nicht als Camembert aus der Normandie bezeichnet werden, ein Schaumwein vom Rhein nicht als Champagner. So werden viele Erzeugnisse geschützt, sogar die Linsen aus Puy (eine kleine lokale Produktion von kaum mehr als 3000 Tonnen jährlich). Dank dieser Vorschriften sind sogar einige schon vergessene französische Käsesorten – wie der Laguiole – wieder aufgetaucht.

Europa verhindert die Fälschungen, deren Opfer oft die regionalen Lebensmittelerzeuger sind. Ja, stimmt, das Problem des griechischen Feta, dieses guten Schafskäses, ist immer noch nicht gelöst. Den fabriziert man auch in Dänemark und Deutschland, und noch dazu aus Kuhmilch, was die Griechen sehr empört. Aber die müssen sich halt auch für die Reinhaltung ihres Feta stark machen. Europa kann wichtige Dienste leisten, man muss sie nur rechtzeitig einfordern.

«Die Kommission will die Herstellung der Gauloises, dieser typisch französischen Zigaretten mit dem Flügelhelm, beschränken, um den englischen Tabak zu begünstigen.» Oder: *«Die Kommission reglementiert den Durchmesser der Gauloises.»* Brüssel hat nie etwas gegen die Gauloises im Schilde geführt, genauso wenig wie gegen französische Baguettes oder Baskenmützen. Das Schicksal

der Gauloises und der Gitanes wird ausschließlich durch die Handelspolitik ihres französischen Herstellers bestimmt.

«Man will uns mit schlechter Schokolade voller tierischer Fette überschwemmen, also mit BSE-Schokolade, wie sie in England hergestellt wird.» In der Tat hat der Ministerrat anfangs dem britischen Vorschlag zugestimmt. Aber das Europäische Parlament hat sich dagegen ausgesprochen, Produkte ohne einen hohen Kakaogehalt als Schokolade zu bezeichnen. Frankreich und Belgien, wichtige und qualitätsbewusste Hersteller, wurden in ihren Bemühungen um die Schokoladenreinheit bald von Deutschland und Österreich unterstützt. Im Juni 2000 wurde die Frage in einer Richtlinie geklärt: Die Hersteller dürfen 5% der Kakaobutter durch andere, rein pflanzliche Fette ersetzen, müssen dies dann aber auf der Vorder- und Rückseite der Verpackung deutlich kennzeichnen, sodass die Schokoladenfreunde auch weiterhin keine Schwierigkeiten haben werden, ihre «reine» Schokolade zu identifizieren. Von britischem Rindertalg weit und breit keine Spur.

Warum muss man sich unbedingt in die Rolle des Opfers hineinsteigern, wenn doch oft das Gegenteil der Fall ist? Diese Zwangsvorstellungen sind kein rein französisches Phänomen, auch Deutsche und Briten setzen bösartige und alberne Gerüchte in die Welt. Das deutsche Auswärtige Amt hat sie einmal unter dem Titel «Fabelhaftes Europa» gesammelt, auch daraus zwei Kostproben:

«Brüssel verbietet den Gamsbart am Hut.» Eine Vorstellung, die vor allem in Bayern für deutliche Austrittstendenzen sorgen dürfte. Der wahre Kern: Die Europäische Union schützt vom Aussterben bedrohte Tierarten, zu denen auch eine Gämsenart in den Abruzzen zählt. Diese Gämsenart darf nicht mehr geschossen werden, der berühmte Gamsbart jedoch stammt von der Alpengämse, die nach wie vor gejagt werden darf.

«Brüssel schreibt vor, dass Fischer Haarnetze tragen müssen.» Tatsächlich steht in den Hygienevorschriften für die Beschäftig-

ten in Fischfabriken, dass sie Haarnetze tragen müssen. Schließlich möchte niemand ein Haar in seiner Fischkonserve finden. In den Vorschriften für den Fischfang jedoch kommen Netze eigentlich als Fanggerät, nicht als Kopfbedeckung vor.

Die britische Boulevardzeitung *Sun* titelte einmal in großen Lettern: «Hände weg von unseren Klos! Retten wir unsere WCs!» Vielleicht ist dir nicht bekannt, dass es im Vereinigten Königreich eine im 19. Jahrhundert von einem Klempner namens Crapper perfektionierte Wasserspülung gibt, sie hat den Vorzug, immer gut zu schließen, braucht aber mehr Wasser und ist teurer. Daher hat das britische Umweltministerium auch klassische Spülungen zugelassen, die zwar gelegentlich nachtropfen, aber sparsamer sind. Unfassbar! Und sofort wurde Europa verantwortlich gemacht: Es wolle den empfindsamen Briten diese fürchterlichen, immer schmutzigen und defekten kontinentalen Toiletten aufzwingen und Mister Crappers geniales System verbannen. Du wirst dir denken können, dass sich in Brüssel niemand Gedanken über Wasserbehältergrößen und Syphonkrümmungen gemacht hat und sich die Kommission wenig um die feine englische Art des Aa-Machens schert. Das Land der sauberen WCs hat sich ganz umsonst diesen entsetzlichen Befürchtungen hingegeben.

Auch das Foreign Office, das britische Außenministerium, gibt regelmäßig sehr witzige Broschüren heraus, um den Tratsch zu widerlegen. Das sollten alle Mitgliedstaaten tun.

Und die Moral aus derlei Geschichten? Misstrau solchen Argumenten und immer wiederholten falschen Zahlen. So mancher Europafeind und manche europafeindliche Zeitung sagt oder druckt am Ende *craps* – das Wort leitet sich aus dem Namen des berühmten Mister Crapper ab und ist im Englischen eine sehr derbe Bezeichnung für Dummheit.

Die antieuropäischen Behauptungen haben oft etwas Wahnhaftes. Die gemeinschaftliche Verwaltung – das habe ich dir ja schon erläutert – beschäftigt proportional weniger Personal als die verschiedenen einzelstaatlichen Behörden, und die Beschlüsse in Brüssel werden zumeist von den Ministern der fünfzehn im Rat vereinigten Mitgliedstaaten ausgehandelt. Aber wenn diese Minister erst wieder nach Hause gefahren sind, hüten sie sich davor, an ihre Mitverantwortung für die manchmal unpopulären Maßnahmen zu erinnern. Wenn sie etwas offener wären, würden unsere Mitbürger das Funktionieren der Union vielleicht besser verstehen. In aller Regel kommen die Entscheidungen mit Hilfe gegenseitiger Zugeständnisse zustande. Man nennt dies die Kunst des Kompromisses.

In Sachen Fehlinformation und Kurzsichtigkeit haben die Gegner des Euro ein Meisterwerk vollbracht. Ganz zu Anfang erklärten sie ihn, weil er ihnen nicht erwünscht war, für unmöglich. Diese falschen Propheten! Die einheitliche Währung werde nie das Licht der Welt erblicken, unsere Volkswirtschaften und damit wir selbst – Bürger, Steuerpflichtige und Verbraucher – würden niemals die erforderliche Disziplin aufbringen, hieß es. Bis zum letzten Augenblick erhofften und beschworen sie sein Scheitern. Der Euro ist da. Sie haben sich grundlegend und öffentlich geirrt. Nun projizieren sie ihren Irrtum in die Zukunft und sagen uns immer noch großes Unheil voraus.

Natürlich sind Währungen, sind Märkte kein Zweck an sich. Sie sind Werkzeuge zur Bemessung und zur Schaffung von Reichtum, aber sie spiegeln auch eine Geisteshaltung wider, ein Engagement und einen Optimismus, der das wahre Gesicht Europas deutlicher werden lässt als alle Unkenrufe über das Ende seiner Geschichte.

Wird man je hören, wie sie ihre Fehler eingestehen, all diese Politiker, die uns auf die Gefahr hin, hinterher alles diskret widerrufen zu müssen, ihre Scheinwahrheiten verkündeten, uns in unseren Ängsten und Komplexen bestärkten, uns in Illusionen und nostalgische Verklärungen wiegten?

Haben sie den Euro aus Opportunismus bekämpft, dachten sie, der Chauvinismus werde den Sieg davontragen? Oder schlossen sie sich den Befürwortern an, weil man heutzutage in keinem unserer Länder die Regierungsmacht anstreben kann, wenn man sich der Fortentwicklung Europas entgegenstemmt? Wahrscheinlich beides, leider. Die schlimmste Strafe in der Politik ist die Lächerlichkeit.

Die Überlebenden der verlorenen Schlacht, von rechts wie von links, versuchen es nun mit Sentimentalität. Mangels rationaler Argumente appelliert ein Häuflein von Politikern, Intellektuellen und Journalisten an die leidenschaftlichen Gefühle. Wer sie hört, muss meinen, jeder, der an Europa glaubt, bringe der Geschichte, der Größe, den Regionen und traditionellen Spezialitäten seines Landes nicht die rechte Liebe entgegen. Die Befürworter der Europäischen Union seien herzlose Entwurzelte, von Gedächtnisschwund Befallene, Undankbare, Abtrünnige und handelten schlimmstenfalls, bewusst oder unbewusst, im Interesse des Auslands, vaterlandslose Gesellen eben. Dieser wütende Nationalismus sieht gern über die dunklen Flecken unserer Geschichte hinweg. Seine Vertreter kultivieren ihn zwar für und unter sich, schreien aber laut auf, wenn in ihren Nachbarländern ähnliche Gefühle deutlich werden. Die anderen haben nicht das Recht, ihre Traditionen und Wurzeln zu lieben. Wenn sie es tun, heißt das, sie sind feindselig, gefährlich, sie tragen sich mit Eroberungsgedanken. Als bestünde Europas Reichtum nicht in seinen vielen Erinnerungen, in seinen Unterschieden und in einem Abenteuer, das über alle Trennungen und Hassgefühle hinweg zu bestehen ist. Meinst du, es entspringe der rechten Liebe zu seinem Land, wenn man es isolieren und allein der Gnadenlosigkeit des internationalen Wettbewerbs aussetzen möchte?

Und dann die Zukunft. Man kann sich schon vorstellen, welche großen Blöcke die Geschichte des 21. Jahrhunderts bestimmen werden: Nordamerika natürlich; Südamerika, das nach engerem Zusammenhalt und im Namen seiner romanischen Wurzeln nach einer Annäherung an Europa streben wird; Indien, das zurzeit noch autark ist und die zweitgrößte Bevölkerung der Welt hat; China mit der größten Bevölkerung; die moslemische Welt, deren Solidarität manche Kluft überwindet … Fünf große Einheiten also, wenn man Russland einmal ausnimmt. Es liegt an uns, ob Europa die sechste sein wird. Das 20. Jahrhundert ist vergangen, mitsamt seiner gefährlichen Konstellation – die beiden Riesen Amerika und Russland und ringsum etwa zweihundert zerstreute unterwürfige oder aufmuckende Nationen. Im Zeitalter der großen Gruppierungen geraten die Einzelstaaten ins Abseits, sie werden vergessen und sie verarmen.

Warum soll ausgerechnet der Nationalstaat die einzige Regierungsform für die Völker sein, der einzige Garant ihres Glücks und ihrer Freiheit, der vollkommene und endgültige Ausdruck menschlicher Organisation? Vergiss nicht, der Nationalstaat hat zwar die Entwicklung von Verwaltung und Wohlstand wunderbar gefördert, aber er hat im 20. Jahrhundert auch das Unglück der beiden Weltkriege mit sich gebracht. Der Nationalstaat hat ebenso wenig Anspruch auf Ewigkeit wie alle anderen geschichtlichen Konstellationen. Die Europäer haben unter dem Römischen Reich gelebt, unter den auf die Erben aufgeteilten Erbkönigtümern, im Feudalsystem, unter Fürsten, absoluten Monarchen, aufgeklärten Despoten, in der Anarchie, unter Handelsbünden, in von Bürgern oder Adeligen regierten Stadtstaaten … Heute erfinden die Europäer Europa neu – und zum ersten Mal als Bündnis von Demokratien.

Und was Wurzeln, Geschichte, Traditionen und Vergangenheit angeht: Unter diesem Gesichtspunkt ist Europa mit seinen fünf Jahrhunderten römischer Einheit viel älter als die Nationalstaaten. Frankreich entstand nicht mit Chlodwig, sondern mit Ludwig XI., die Niederlande im 17. Jahrhundert, Österreich mit den napoleonischen Kriegen, Belgien erst 1830, das moderne Italien 1860, Deutschland 1871 … Nostalgie gegen Nostalgie, mir ist die der verlorenen und dann zurückgewonnenen europäischen Einheit lieber: die Zukunft. Was nützt es, wenn wir rückwärts gewandt in sie eintreten?

Deine Generation wendet sich ihr entschlossen zu, voller Neugier auf kulturelle und ethnische Vielfalt, auf Gefühle und Moralvorstellungen. Es freut mich, dass du dein Land, seine Gesichter, seine Kirchen und seine Küche kennst und liebst, dass du dir seine Reichtümer zu Eigen machst, um deine Chancen besser einzuschätzen und deinerseits aktiv zu werden, dass du dieses Erbe ohne Komplexe in deine moderne Welt mitnimmst. Dein Land, offen und lebendig, wie es ist, wird sich nicht von Europa trennen.

Nichts in der Ges

Gibt es ein Zurück?

Ja und nein.

Die Geschichte lässt sich nicht zurück drehen, und doch hat es die unwahrscheinlichsten Zurückentwicklungen gegeben.

Ich will gar nicht erst vom Römischen Reich oder von Karl dem Großen reden. Denk nur an die österreichisch-ungarische Monarchie zu Beginn des 20. Jahrhunderts. Sie war eine multinationale Einheit und umfasste Österreicher, Ungarn, Kroaten … Das politische Leben und die Wirtschaft hatten ein Gleichgewicht erreicht, Österreich unterdrückte weder die Juden noch die Ungarn, und all die alten Herren, die diese kaiserlich und königliche Zeit noch erlebt haben, erzählten, wie schön sie war, wie kultiviert.

ichte . . .

Ein einziger verlorener Krieg und eine gestürzte Dynastie, und das ganze Gebäude fiel in sich zusammen. Überall sank der Wohlstand, die Nationen wurden aufgeteilt oder neu zusammengesetzt. Die Zerstückelung führte zu weiteren Tragödien und schließlich zum Zweiten Weltkrieg und liefert heute noch Erklärungen für den Krieg im ehemaligen Jugoslawien.

Eine Katastrophe, aber sie hat stattgefunden.

In der Familie der Habsburger wird die Erinnerung an diese Zeit der Einheit wach gehalten: Drei Enkel der Kaiserin Sissi sitzen im Europäischen Parlament, jedoch niemand aus dem Hause der Bourbonen oder Windsors. Kennst du die Geschichte von Otto von Habsburg, der gefragt wurde: «Monseigneur, haben Sie das Fußballspiel gestern Abend gesehen?» – «Welches?» – «Österreich–Ungarn.» – «Gegen wen?»

Solche Katastrophen sind leider immer möglich.

Aber die Frage, die uns die Europagegner stellen, ist eine ganz andere: Kann ein Land willentlich und ohne dabei Schaden zu nehmen die Europäische Union verlassen? Lass mich diese Frage einmal in ein «realistisches» Szenario übersetzen und dir am Beispiel Frankreichs demonstrieren, welche Folgen der Austritt für ein Land haben könnte. Für Frankreich also lautet die Frage: Kann man als Folge einer Wahl oder eines Referendums den Integrationsprozess stoppen, das Vaterland «den gierigen Händen der Brüsseler Bürokraten» entreißen, die verlorene Souveränität wiederherstellen, den Franc wieder einführen, kurz: Frankreich – nach einem ärgerlichen Umweg über die EU – in seine alte Staatsform zurückführen?

Stell dir vor, Charles Pasqua, der große Anführer der Europhoben – all derjenigen also, die eine geradezu irrationale Angst vor Europa haben –, wäre durch einen politischen Umbruch oder einen seltsamen plötzlichen Popularitätsschub an die Macht gekommen. Nun ist er Premierminister. Nimm an, dieser Mann von Charakter würde ohne jeden Opportunismus und als Feind aller Zugeständnisse sein Programm mit der Unterstützung der äußersten Rechten und einer nationalrepublikanischen Linken umsetzen.

Zuerst die nationale Souveränität wiederherstellen. Das heißt, sich vom europäischen Handel befreien. Kommt ja nicht in Frage, sich von ausländischen Erzeugnissen überschwemmen zu lassen. Produzieren und kaufen wir französisch. Es gibt keine

Zölle mehr? Charles Pasqua führt sie wieder ein. Ein gutes Geschäft: Sie bringen zusätzliche Einnahmen für den Staatshaushalt. Ein schlechtes Geschäft: Auch die anderen Länder erheben Zölle auf die Einfuhren aus Frankreich. Zwei Drittel der französischen Ausfuhren waren für Europa bestimmt, doch keiner dort will die teuren französischen Produkte jetzt noch kaufen. Unter dem Strich also eine ziemliche Verringerung des Warenaustauschs. Protektionismus hat schon immer zu Armut geführt.

Auch die Gemeinsame Agrarpolitik bleibt von dem Umbruch nicht unberührt.

Etwa die Hälfte der französischen Fabriken und mehr als die Hälfte der landwirtschaftlichen Betriebe arbeiten für die Märkte der Union und der übrigen Welt. Frankreich hatte sich zum viertgrößten Exporteur der Welt emporgearbeitet. Damit ist Schluss.

Was tun? Betriebe schließen? Verstaatlichen? Subventionieren? Die Arbeitslosigkeit greift um sich, die Leute schimpfen, die Gewerkschaften – selbst die europafeindlichen – demonstrieren.

Ich habe dir gezeigt, dass Frankreich als größter landwirtschaftlicher Produzent in Europa auch am meisten von ihr profitiert. Und die anderen Länder sind nur aufgrund einer europäischen Vereinbarung bereit, dazu beizutragen. Warum sollten die Holländer französische Produkte zu den höheren, von der Union festgelegten Preisen kaufen, wenn sie die gleichen Produkte auf dem Weltmarkt billiger bekommen können? Wenn sie die mit Europa verbundenen Vorteile – den Zugang zum französischen Markt – verlieren, werden sie auch auf die dazu gehörenden Nachteile – die Kosten der Gemeinsamen Agrarpolitik – verzichten wollen.

Wegen fehlender Absatzmöglichkeiten herrscht im europhoben Frankreich ein Zustand der Überproduktion. Nun gibt es zwei Möglichkeiten: Entweder macht man die Bauernhöfe dicht und schickt die Bauern zum Arbeitsamt, oder man senkt die Preise. In derartigen Situationen geschieht gewöhnlich beides – und schon kommt es zu Bauernaufständen.

Die vom Chauvinismus des Premierministers erschreckten ausländischen Investoren suchen sich andere Märkte. Warum sollte ein Amerikaner, ein Japaner oder Koreaner in Frankreich investieren? Weil man von Frankreich aus den europäischen Markt erreicht und dabei französisches Knowhow nutzen kann. Diese Aussicht besteht nicht mehr. Ein großer Automobilhersteller wird keine große Fabrik bauen, wenn seine Fahrzeuge «made in France» bei der Einfuhr nach Deutschland hohen Zöllen unterliegen, bloß weil Frankreich und Europa nicht gut aufeinander zu sprechen sind.

Das von Charles Pasqua regierte Land wird von einer schweren Wirtschaftskrise heimgesucht.

Und der Euro?

Wie wird man ihn wieder los, wie führt man den Franc wieder ein? Niemand hätte Vertrauen zu diesem alten Franc, nicht einmal die Franzosen. Charles Pasqua muss eine Währungskontrolle einführen, und zwar eine strenge mit Polizeimethoden. Diese Maßnahme ist so widerwärtig, dass Charles Pasqua die Macht verliert. Wenn nicht die politischen Kreise aufbegehren und ihn absetzen, dann wird es die Bevölkerung tun.

Die «andere Politik», auf die sich die rechten und linken Nationalisten berufen, existiert nicht. Niemand konnte sie außerhalb der großmäuligen Versprechen und Demagogien verflossener Wahlkämpfe definieren. Und das sähe in den anderen Ländern nicht anders aus. Mehr als die Hälfte der deutschen Importe und Exporte kommt aus EU-Staaten beziehungsweise wird dorthin ausgeführt. Bei den Niederlanden und Portugal entfallen sogar etwa 80% der Ausfuhren auf den europäischen Markt.

Zugleich aber ist die EU weltweit führender Exporteur und nach den USA der zweitgrößte Importeur. 1998 betrug der Anteil der EU an den Weltexporten 19,5% und an den Weltimporten 18,2%. Die wechselseitige Verflechtung und Abhängigkeit haben also keinesfalls zu einer Schwächung auf dem Weltmarkt geführt.

Letztendlich ist es die Realität, die zählt.

Europa aus der Sicht der anderen

Wie werden wir Europäer von den anderen gesehen? Wer oder was sind wir in ihren Augen? Nehmen sie uns überhaupt wahr trotz unserer Kompliziertheit, unseres Zauderns, unserer tastenden Versuche und unserer Haarspaltereien? Mit unserem Enthusiasmus und unseren Zweifeln, unserem Reichtum, unseren Hoffnungen? Nachdem wir so lange in einer von nationalstaatlichem Denken geprägten Kultur gelebt haben und von unserer Landkarte nur die altgewohnten Unterteilungen mit Grenzen und Hauptstädten kennen, können wir uns kaum vorstellen, dass unser zergliedertes Europa, von anderer Warte aus betrachtet, als solide Einheit existiert.

Wer

Es existiert schon aufgrund seiner Geschichte, der eroberten und aufgegebenen Reiche, der an anderen Ufern hinterlassenen Spuren. Je nach Kontinent existiert Europa in den Erinnerungen an die englischen und holländischen Indienfahrer, an die «Amerikaentdecker» aus Portugal und Spanien, an die Franzosen und Briten, die sich den Nahen Osten streitig machen und Afrika unter sich aufteilen. Europa, das sind die ehemaligen Kolonialreiche samt ihren Missionaren und Ausbeutern, ihren Kampagnen für Kultur, Bildung und Hygiene und ihrer sich rassistisch gebärdenden weißen Unterschicht. Europa, das sind «unsere Vorfahren, die Gallier», deren Geschichte man im Busch lehrt, das sind die Zairer mit belgischem Akzent, das ist die englische Teestunde von Kenia bis Bangladesch.

Befangen in der Erinnerung an unsere nacheinander blutig und beschämend untergegangenen Reiche und in unserer Überzeugung, wir befänden uns auf dem Abstieg, können wir heute kaum nachvollziehen, dass wir bei anderen, vor allem bei den Ärmeren, Neid erregen. Verglichen mit ihnen sind wir reich, sehr reich sogar; sie wissen dies und möchten daher bei uns leben. Unseren Reichtum, unsere Lebensweise, unsere Freiheit und unsere Konsumgüter, all das hätten sie auch gern. Sie werden immer zahlreicher und jünger, und zugleich nehmen in unseren Ländern die Geburten ab, altert die Bevölkerung insgesamt.

er was sind wir?

Als wir in Frankreich, Deutschland und England Arbeitskräfte für diejenigen Tätigkeiten brauchten, die die Einheimischen nicht mehr übernehmen wollten, haben wir sie in Massen kommen lassen, die Araber, Türken, Pakistaner und Afrikaner, die nun unsere Vorstädte bevölkern. Seit den sechziger und siebziger Jahren wurde es zunehmend schwieriger, sie – nach französischer Art – zu integrieren, – nach englischer Art – zu assimilieren oder – nach deutscher Art – zu verwalten. Inzwischen gibt es in unseren Volkswirtschaften zu viele ungelernte Arbeitskräfte, die Art der Arbeit hat sich gewandelt: Nun haben unsere Länder Schwierigkeiten bei der Lösung der Probleme, die sich aus der Anwesenheit von zwei bis drei Einwanderer-Generationen ergeben.

Diese Probleme sind in allen europäischen Ländern gleich, auch wenn die Diskussionen und die Lösungsversuche oft unterschiedlich sind. Und was für die Einwanderung gilt, gilt auch für Bildung, Sozialversicherungen, Kriminalität oder Umweltverschmutzung: Unsere Gesellschaften gleichen sich. Unsere Regierungen fangen gerade an, sich zu dieser Einsicht durchzuringen, zumal gerade diese Themen in der öffentlichen Meinung besonders leidenschaftlich diskutiert werden. Ein Begriff, den du dir merken solltest: «bonnes pratiques». Die Europäer gehen verstärkt dazu über, von Land zu Land, von Tradition zu Tradition ihre «bewährten Methoden», ihre jeweiligen Lösungen für die gemeinsamen Probleme zu vergleichen. Ein neuer und absolut faszinierender Ansatz.

Die großen Schwierigkeiten und Gefahren, die sich heute abzeichnen, stellen sich nicht mehr den einzelnen Ländern, sondern der EU als Ganzem. Von unserem Wohlstand angelockt, versuchen Tag für Tag unzählige Einwanderer, sich Zutritt zu Europa zu verschaffen. Albaner schwimmen nach Italien, Marokkaner überqueren die Straße von Gibraltar. Die Elenden der Welt, von Schwarzafrika bis zum Ostrand unseres Kontinents, suchen ihr Heil bei uns. Wir können sie nicht alle aufnehmen, wenngleich auch die EU ihren Beitrag leisten muss. Es entspricht unserer Tradition und unseren grundlegenden Werten, allen wegen ihrer politischen oder religiösen Überzeugungen bedrohten Frauen und Männern Zuflucht zu gewähren, ganz gleich, woher sie kommen, aber wir können nicht alle Wirtschaftsflüchtlinge aufnehmen, die ihre Heimat aufgrund des dort herrschenden Elends verlassen. Da sie nicht legal einwandern dürfen, umgehen sie die Grenzkontrollen und lassen sich illegal nieder.

Es ist sehr schwierig, diese illegale Einwanderung zu bekämpfen, zumal sie oft von Arbeitskräftevermittlern organisiert wird, die unsere Gesetze, Vorschriften und Grenzübergänge bis ins letzte Detail kennen. Kein Land kann dieses Problem allein bewältigen, nicht einmal Großbritannien, das immerhin eine Insel ist. Vierzehn Länder der Union (ohne Großbritannien) haben seit dem Schengener Übereinkommen einen gemeinsamen Raum geschaffen und lassen daher schon jetzt ihre Polizei- und Zolldienststellen eng zusammenarbeiten. Aber es ist offensichtlich, dass sie auch ihre Einwanderungs- und Asylpolitik bald harmonisieren müssen. Wenn die Italiener die Tür ein wenig öffnen, werden sich die Glücklichen, die hindurchschlüpfen können, sofort nach Frankreich oder Deutschland aufmachen, um Arbeit zu suchen. Haben sie dort keinen Erfolg, werden sie versuchen, nach Holland oder England weiterzureisen. Bilaterale Zusammenarbeit reicht nicht aus: An der Grenze in Ventimiglia kontrollieren italienische und französische Polizisten gemeinsam, aber sie wenden dabei unterschiedliche Vorschriften an. Ergebnis: Die Leute, die man auf einer Seite abgewiesen hat, versuchen ihr Glück ein paar Tage später auf der anderen.

Diese menschliche, wirtschaftliche und demographische Problematik wird sich mit den Jahren nur verschärfen. Du siehst gewiss ein, dass die schwerwiegenden Probleme der Migrationsflüsse auf gesamteuropäischer Ebene behandelt werden müssen, darin besteht eine der Hauptaufgaben des 21. Jahrhunderts. Und deshalb sieht der Amsterdamer Vertrag in diesen Fragen eine gemeinsame Zuständigkeit vor.

Außerdem spiegelt sich Europa in den Wünschen und Hoffnungen, die es bei den übrigen Europäern im Osten weckt, wo man so lange dem kommunistischen Einfluss ausgeliefert war. Die Osterweiterung, wie es im geheiligten Gemeinschafts-Jargon heißt, bedeutet gewiss eine Belastung für die Institutionen und das Budget der Union. Aber politisch und kulturell führt kein Weg daran vorbei.

Polen, Ungarn und die Tschechische Republik wetteifern miteinander, um die ihnen auferlegten Aufnahmebedingungen zu erfüllen: wirtschaftliche Leistungen natürlich, aber auch demokratische und rechtsstaatliche Garantien. Bulgarien und Rumänien unterdrücken, in einer gewissen Fehleinschätzung der Lage, ihre Ungeduld nur schwer. Die baltischen Länder klopfen ebenfalls an. Wodurch erklärt sich dieser Beitrittswille, den die Öffentlichkeit dieser Länder mit ihren Entscheidungsträgern in Politik und Wirtschaft teilt? Weil Westeuropa Wohlstand, Stabilität und Freiheit verkörpert, weil die Union ihren Mitgliedern Mittel und Subventionen zukommen lässt – und weil der Beitritt endlich wieder europäische Zugehörigkeit und die Zugehörigkeit zu einer lange Zeit geteilten Geschichte und Kultur bedeuten würde. Der letzte ist der am meisten zu Herzen gehende Grund: Er entspringt dem Gefühl, nicht dem Kalkül. Der Osten hat jenes Gefühl der Zugehörigkeit zu einem Europa wieder belebt, dessen Herzschlag wir selbst allzu oft nicht mehr spüren.

Und, weiter entfernt, Russland.

Dort sind die Gefühle schon seit dem 18. Jahrhundert gemischt. Du weißt, dass das moderne Russland zu Beginn des 18. Jahrhunderts von Peter dem Großen in Sankt Petersburg gegründet wurde, dem «Fenster zu Europa». Auf seine Weise hat Russland an der Aufklärung teilgenommen. Im 19. Jahrhundert suchten die großen russischen Schriftsteller die unsrigen auf, und Gautier, Dumas, Balzac und viele andere haben ihre Reisen in das «Land des großen Bären» beschrieben. Die dortige Oberschicht sprach mehr Französisch als Russisch, und sogar Tolstoi hat einen Teil von *Krieg und Frieden* direkt auf Französisch geschrieben. Aber es bestand auch die Versuchung der Orientalisierung, eines großrussischen Konservativismus, wie er von Stalin verkörpert wurde, der Sankt Petersburg in Leningrad umtaufte und ihm Moskau vorzog.

Nach der Befreiung vom Kommunismus und der Trennung von seinem Reich ist Russland immer noch geteilt zwischen seinen chauvinistischen Bestrebungen und seinen westlich orientierten Hoffnungen. Es treibt wenig Handel, vor allem mit Rohstoffen, und ist mehr auf Kauf als auf Verkauf aus. Es krankt an einer noch nicht beseitigten sowjetischen Trägheit und an einem aufkeimenden Kapitalismus, der sich noch keine Regeln aufzuerlegen wusste. Wir sollten uns nicht allzu sehr darüber erheben: Auch in unseren Ländern waren die ersten Kapitalisten häufig Freibeuter – aber das war vor zwei Jahrhunderten.

Wenn du nach Moskau oder nach Sankt Petersburg kommst, wirst du feststellen, wie sehr uns die Russen ähneln: Wir gehören derselben Zivilisation an, wir stoßen dort auf unsere eigene Kultur und eine von Byzanz, Griechenland und Italien beeinflusste Architektur. Unter der kommunistischen Herrschaft war Russland die zweitmächtigste Nation der Welt und eine große Gefahr. Es wäre aberwitzig, wenn wir uns nun, da diese Nation in der Krise steckt, abwenden wollten.

Glücklicherweise geriert sich Europa nicht nur als eine belagerte Festung, klammert sich nicht nur an seine Lebensqualität, seinen Wohl- und Besitzstand. Es ist auch der Teil der Welt, der den anderen am meisten gibt, der am meisten Mittel für die Entwicklungsländer, für humanitäre und Katastrophenhilfe bereitstellt. Das wissen viel zu wenige: In Sachen Eigenwerbung tut sich die EU schwer.

Ich will dich nicht mit Zahlen langweilen. Nur das sollst du wissen: Das Amt für humanitäre Hilfe der Kommission, das so genannte ECHO, ist in diesem Bereich der größte Geldgeber. Es finanziert zu zwei Dritteln die Nichtregierungsorganisationen (NGOs), die sich auf Solidarität, Wohltätigkeit und Unterstützung spezialisiert haben. Diese geben es nicht gern zu, aber ohne Brüssel könnten sie nicht mehr so viel leisten, noch nicht einmal «Ärzte ohne Grenzen» und «Médecins du monde», die du kennst und die zu den größten Organisationen dieser Art gehören. In letzter Zeit wurden die Verwaltung und die Arbeitsweise des ECHO kritisiert, aber dennoch steht fest: Ohne die europäischen Gelder gäbe es auf der Welt noch mehr Hunger, Elend, Kinderleid und Tod. Achte darauf in den Reportagen, die das Fernsehen ja unweigerlich bringt, wenn es irgendwo auf der Welt wieder Massaker, Erdbeben oder andere Notsituationen gibt: Überall auf den Fahrzeugen und Kisten mit Hilfsmaterial wirst du das Europazeichen sehen.

Es gibt menschliches Leid, aber es gibt auch Not leidende Staaten. Bei jeder größeren Finanzkrise, wie kürzlich in Asien, Russland und Lateinamerika, stellt die Europäische Union neben den Vereinigten Staaten die meisten öffentlichen und privaten Mittel zur Verfügung. Das ist nur normal, schließlich sind wir reich, auch wenn es in allen unseren Mitgliedstaaten noch vereinzelt Elend gibt.

Paradox ist, dass die EU nicht den großen Einfluss ausübt, den ihre erheblichen Beiträge zur Krisenbewältigung rechtfertigen würden. Ihre außenpolitischen Ambitionen stehen hier in keinem Verhältnis zu ihren Mitteln und Maßnahmen. Das liegt an den Mitgliedstaaten, die in ihren traditionellen Denkmustern befangen sind und an überholten Vorrechten festhalten, obgleich keiner von ihnen mehr allein in der Lage wäre, seine Ansprüche zu verwirklichen.

Darin liegt die große Schwäche des Europa der Fünfzehn. Es ist, außer in Katastrophenfällen wie im Kosovo, unfähig, eine gemeinsame Außenpolitik festzulegen und durchzusetzen. Dieser Mangel an Entschlossenheit ist umso gefährlicher, als der Krieg mit dem Zusammenbruch des ehemaligen Jugoslawien nun Europa selbst erfasst hat. Kroatien, Bosnien, Kosovo – jahrhundertealte Hassgefühle erwachen wieder zum Leben. Angesichts der wiederholten vorhersehbaren Tragödien sind wir nicht imstande vorzubeugen; allenfalls brechen wir in Klagen aus und schicken Hilfsgüter, wenn es schon zu spät ist für die Toten. Was nämlich machen wir, nach all den Gipfeln und Konferenzen? Wir wenden uns an die Vereinigten Staaten, die schon seit einem halben Jahrhundert als unsere Schutzmacht auftreten. Europa wagt in Europa nicht allein einzugreifen.

Trotz der Ernennung von Javier Solana zum Hohen Vertreter für die Gemeinsame Außen- und Sicherheitspolitik hat Amerika nach wie vor nicht einen, sondern mehrere europäische Gesprächspartner. Was seinen Interessen durchaus entgegenkommt, auch wenn es immer wieder seinen Wunsch nach einem echten Partner bekräftigt, der es zumindest regional von seiner Weltpolizistenrolle entlasten könnte. Bis die europäischen Länder ihre nationalen Eitelkeiten überwinden und außenpolitisch mit einer Stimme sprechen, wird es wohl leider noch eine Weile dauern.

Und wie sieht Amerika uns?

Diese Supermacht ist ebenfalls eine multikulturelle und -ethnische Gesellschaft, deren einzelne Gemeinschaften gern enge Beziehungen zu ihren Herkunftsländern pflegen. Der litauische Präsident ist beispielsweise aus Chicago gekommen, der Frieden in Nordirland hat irischstämmigen Amerikanern viel zu verdanken, und Kino, Küche, Musik und sogar die Raumfahrt Amerikas sähen ohne die immer neuen Einwanderungswellen aus Europa ganz anders aus. Aus sprachlichen und historischen Gründen unterhält Großbritannien eine besondere Bindung an seine einstige Kolonie; immer, wenn internationale Spannungen auftreten, wird dies politisch deutlich. Aber die Vereinigten Staaten gewöhnen sich allmählich daran, die Rechnung nicht mehr ohne Europa zu machen.

Du erinnerst dich an den Marshallplan, der deinem Großvater so am Herzen lag. Seit fünfzig Jahren unterstützen und fördern die Vereinigten Staaten die wirtschaftliche Einigung eines Kontinents, den wir lange Zeit zur Hälfte dem Kommunismus des Kalten Kriegs ausgeliefert haben. Manchmal skeptisch, wenn ihnen die innereuropäischen Streitereien zu abwegig erscheinen, zuweilen auch zornig, wenn die Handelsinteressen Europas ihrer Vorstellung vom Freihandel zuwiderlaufen; pragmatisch, als der Euro auftritt und sich allen falschen Prophetien zum Trotz gegen den Dollar behauptet.

Wieso sind die Beziehungen zwischen den Amerikanern und den Europäern so stabil?

Weil wir ungeachtet aller vorübergehenden Meinungsunterschiede und Missverständnisse dieselben Grundsätze und Werte vertreten, die hier wie dort der Demokratie zugrunde liegen. Verdanken die Amerikaner uns Europäern nicht Montesquieu, Locke und Tocqueville, von der deutschen – vor allem jüdischen – Kultur, die sich vor den Nazis zu ihnen flüchtete, ganz zu schweigen?

Amerika verfügt zudem über die reichste Volkswirtschaft. Die Europäer mühen sich, Marktanteile zu erobern, ihre Exporte zu erhöhen und am Wohlstand der Vereinigten Staaten teilzuhaben, indem sie dort Tochterunternehmen gründen oder Unternehmen aufkaufen. Wusstest du, dass es im Silicon Valley, diesem Informatik-Erfinder-Eldorado, viele Franzosen gibt? Dass die Deutschen im Verlags- und Bankengewerbe große amerikanische Gesellschaften kontrollieren? Inzwischen sind es nicht mehr nur die multinationalen Konzerne, die auf dem Weltmarkt operieren, auch die kleineren Unternehmen mischen sich ein. Dabei kommt es immer wieder zu Konflikten zwischen den europäischen Ländern, wie zwischen den Italienern und den Franzosen auf dem Mode- und dem Weinmarkt. Dann feiert der Chauvinismus fröhliche Urständ, das beweist die Werbung: Itaker und Pizzabäcker gegen Froschesser und Baguette. Das ist das moderne Europa: wirtschaftliche Einigung, Angleichung der Rechtsvorschriften, aber – in Freiheit und Konkurrenz – die volle Entfaltung unserer kulturellen Unterschiede und unserer Interessengegensätze, getreu dem Europa-Motto «Einheit in Vielfalt» – «In Varietate Concordia». Dieses Motto ist das Ergebnis eines Wettbewerbs, an dem sich 1999 mehr als 2000 Schulklassen aus allen fünfzehn Mitgliedstaaten beteiligt haben.

Eine gewisse Ironie liegt natürlich darin, dass ein Großteil dessen, was uns Europäer verbindet, auf die uns gemeinsame Amerikanisierung zurückzuführen ist. Die Fernsehspots von McDonald's, Coca-Cola oder Levi's Jeans – all das, worauf du verrückt bist –, die Marken und Firmenzeichen der westlichen Kultur sind überall gleich und verwischen die Unterschiede zwischen Nord- und Südeuropa. Unsere Lingua franca ist Englisch. Unsere gemeinschaftliche Kultur kommt aus Amerika. Aber ist dieses Amerika nicht wiederum sehr europäisch? Noch heute heißen die besten Drehbuchschreiber für Hollywood Homer, Charles Perrault, Rudyard Kipling, Conan Doyle und Alexandre Dumas.

In jedem Fall müssen die Europäer, wenn sie nicht ersticken wollen, ihre Unterschiede deutlich machen und ihre jeweilige heimische Kreativität fördern, auch wenn die Niveau- und Mitteldiskrepanzen teils erschreckend sind. Dein Jahrhundert, Alexandre, wird das Jahrhundert der Kommunikation sein: Das ist das Gebiet, auf dem man schon jetzt Reichtümer anhäuft, Imperien aufbaut, Märkte aufteilt und der Fantasie freien Lauf lässt. Und das vor allem ist der Sektor, auf dem Europa nicht zur bloßen amerikanischen Handelsniederlassung werden darf.

Traum und Wagnis

Mein lieber Alexandre, mehr noch als für meine Generation ist Europa für dich Horizont, Utopie, Realität, Wunschtraum und vielleicht die letzte Gelegenheit für die europäischen Völker, im 21. Jahrhundert ihre Stimme zu erheben. Denn über Handel und Industrie hinaus hat Europa eine Botschaft: Sie lautet Demokratie, Humanismus, Menschenrechte.

Hör nicht auf die Schriftsteller, Philosophen und Politiker gleich welchen Geschlechts, die dir erklären, früher sei alles besser gewesen und die Zukunft halte nur Unsicherheit und Krisen für uns bereit. Europa ist weder wirklich vollendet noch vollkommen: Unsicherheit gehört zu den Daseinsbedingungen des Menschen, genauso wie Mut und Unternehmungsgeist. Die Scheingewissheiten der Vergangenheit dürfen für die Jugend nicht gelten.

Du wirst erkannt haben, dass ich diese Antieuropäer nicht mag, die sich hinter einem erdichteten und von rückständigem Nationalismus geprägten Europa verstecken. Wenn wir keine Fortschritte machen, werden wir wieder in die alten Kriege zurückfallen, in die alten diplomatischen Strategien, die am Ende immer scheitern.

Wir machen eine schwere Zeit durch:

Arbeitsplatzabbau, schreiende Ungerechtigkeiten, das Problem der orientierungslosen und gewalttätigen Jugend, das Wanken oder der Zusammenbruch sämtlicher Ideologien, der Mangel an Idealen, die mehr uneinigen als brüderlichen Religionen und hier und da – nicht selten auch in Frankreich – die

Gefahr des Faschismus. Die Generation deiner Großeltern hat Ähnliches erlebt, es endete mit Stalin, Hitler und dem Zweiten Weltkrieg.

Die alten Brüche, die damals zum Krieg führten, existieren noch als Perforationslinien. Beim Zusammenbruch Jugoslawiens 1991 stellten sich die Deutschen ganz natürlich auf die Seite der Kroaten, die Franzosen fühlten sich den Serben nahe – schlecht verdrängte Erinnerungen an 1914 und 1941. Dank Europa ist Schluss mit dem Spiel der Allianzen, aber die Verständigungsschwierigkeiten zwischen Bundeskanzler Kohl und dem sehr proserbischen Präsidenten Mitterrand ließen die Ausbreitung des Kriegs im Balkan zu, ethnische Säuberungen, Konzentrationslager, Städtebelagerungen wie im 19. Jahrhundert. Erst nachdem sich die europäische Öffentlichkeit empörte und Amerika Druck ausübte, wurde der Konflikt spät und keineswegs so erstickt, dass sein Wiederaufflammen im Kosovo wenig später hätte verhindert werden können. Dürfen wir den Nationalismus hier bei uns nähren und ihn damit dort, nur zwei Flugstunden von Brüssel entfernt, fördern?

Einen gerechten Krieg gibt es nicht, und nur die Europäische Union kann uns vor Kriegen schützen. Wie lässt sich dafür sorgen, dass ein friedliches Miteinander als spannenderes Abenteuer empfunden wird als Kampf? Das bleibt dem einst so eroberungsfreudigen Europa noch zu erobern: der Frieden, sowohl in den Vorstädten als auch auf dem Balkan oder in Afrika. Darin liegen im 21. Jahrhundert die Aufgaben und das Wohl unseres Kontinents.

Frieden, Demokratie, Entwicklung und sinnvolle Nutzung unseres Wohlstands – wenn das keine Herausforderung ist.

Und dieser Herausforderung darf Europa nicht nur mit Verträgen und Verordnungen begegnen. An dir und deinen Freunden sehe ich es: Es gibt ein Europa der Jugend, ihrer Reisen, ihrer Musik, ihrer Bilder. Und dieses Europa muss auf das Brüsseler Europa, das der Staaten, treffen, das diesen Kontakt braucht. Die Volksabstimmung über den Maastrichter Vertrag 1992 wurde als lästiges Übel, als technokratischer Krampf einer um sich selbst kreisenden Union, empfunden. Die Institutionenkrise 1999 war Wasser auf die Argumentationsmühlen der Europagegner. Die gemeinschaftlichen Behörden selbst haben Mühe, ihre Schwierigkeiten, aber auch ihre Visionen zu vermitteln. Wer also soll der Jugend die Beweggründe, den Elan erklären, mit dem zahlreiche, besonders osteuropäische Länder in die Europäische Union streben, und zwar gerade zu einer Zeit, zu der viele Franzosen und Deutsche über Europa klagen? Wer wird die Dringlichkeit einer Antwort auf dieses Streben klarstellen? Wer will einer Erweiterung noch einen Sinn geben, die sich scheinbar nur mittels Verhandlungen, Mehrwertsteuersätzen und Quoten regeln lässt? Wie sieht die Jugend die Union? Wie man sie ihr zeigt: klappende Limousinentüren, das Summen intelligenter Bürokraten, Brüsseler Skandale, abstruse Auswirkungen und Zwänge, die man erst im Nachhinein erkennt.

Bei Europa kommen die Erklärungen immer zu spät.

Für dich und deine Altersgenossen sind seine Errungenschaften schon Besitzstand, sie erscheinen dir selbstverständlich, du kannst dir gar nicht mehr vorstellen, dass eine Hand voll hartnäckiger Männer sich Schritt für Schritt vorkämpfen musste, um so weit zu kommen. Sie standen mit ihrer Begeisterung sehr allein – nun ist es an uns, und an dir, ihre Ziele weiterzuverfolgen. Es kommen immer neue Länder hinzu: Die allgemeine Absicht wird kaum wahrgenommen, in der öffentlichen

Diskussion war man sich der Höhe des Einsatzes nur selten bewusst. Man muss sich endlich wieder auf den Entwurf einer Europäischen Verfassung besinnen, den das Parlament in Straßburg vor einigen Jahren verabschiedet hat, um die Demokratie auf europäischer Ebene so deutlich und lebendig zu machen, wie sie es auf lokaler Ebene schon ist. Umfragen im Frühjahr 2000 ergaben, dass 70 Prozent der europäischen Bürger eine europäische Verfassung für sinnvoll halten. Unsere Grundrechtecharta, von der ich dir so viel erzählt habe, könnte ein Grundstein für eine solche Verfassung sein.

Die Geburt eines Europa der Städte und Regionen dürfen wir bereits erleben.

Toulouse blickt auf Barcelona, Lille auf Brüssel, Straßburg darf sich Deutschland annähern, ohne aus Frankreich herausgerissen zu werden, und die Bretonen wenden sich den Briten zu. Damit geht unseren Ländern, ihren Erkenntnissen und ihrer Vielfalt nichts verloren, vielmehr gewinnen wir täglich etwas hinzu.

Europa kann sich nicht auf politische Erfahrungen stützen, ebenso wenig wie sich die französische Nationalversammlung 1789 an einem Vorbild orientieren konnte, als sie der Welt die Menschenrechte verkündete. Die Vereinigten Staaten haben sich auf mehr oder minder leeren Gebieten eingerichtet und die Indianer dort getötet, um sich besser ausbreiten zu können; der Dollar entstand aus einem blutigen Bürgerkrieg. Bisher hat man die Völker Europas nie ohne Zwang vereinen können. Einen freien Staatenbund, der immer enger zusammenwächst und sich bei jedem Schritt auf das allgemeine Wahlrecht und gewählte Vertreter stützt, hat es noch nie gegeben.

Wir müssen die Europäische Union aus alten, widerspenstigen und nachtragenden Staaten schaffen, zwischen denen immer noch althergebrachte Hassgefühle stehen. Jede der Grenzen, auf die man dich hinweisen wird, steht in den Köpfen der Leute, sie schützt, charakterisiert und beschränkt diese Menschen; besser wäre eine Rückbesinnung auf Renaissance und Aufklärung. Das heutige Europa ist eine großartige Erfindung, vor allem die einer – wenngleich unvollkommenen – 374 Millionen Menschen umfassenden Demokratie, in der die Kulturen ihre Identität dennoch nicht verlieren.

Du siehst, die Europäische Union ist noch nicht vollendet.

Wir stehen vor gewaltigen Hindernissen. Aber hat sich die Jugend je von Schwierigkeiten abschrecken lassen?

Zur weiteren Information

Das Presse- und Informationsamt der Bundesregierung, 11044 Berlin, gibt ein regelmäßig überarbeitetes und kostenlos erhältliches Europaglossar mit Zeittafel heraus: «Europa in 100 Stichworten».

Servicetelefon: 0180-522-1996
Servicefax : 0180-522-1997
Euro-Bürgertelefon: 0180-321-2002

Weitere nützliche Adressen:

Europäisches Informationszentrum
Bundesallee 22
10717 Berlin
Tel.: (030) 88 41 22 11

Auswärtiges Amt
Werderscher Markt 1
10117 Berlin
Tel.: 01888-17-0

Europäisches Parlament
Informationsbüro für Deutschland
Unter den Linden 78
10117 Berlin

Einstiegsadresse im Internet: http://europa.eu.int

Christine Ockrent wurde 1944 in Brüssel als Tochter eines belgischen Europapolitikers geboren. Sie studierte politische Wissenschaften in Paris und Cambridge, war Chefredakteurin der französischen TV-Abendnachrichten «20 heures» und des «Journal Télévisé» sowie Redaktionsleiterin von *L'Express* in Paris. Seit 1996 ist sie Chefredakteurin der Sendung «Politique dimanche» und moderiert die Europasendung «France Europe Express». Ihr Europabuch, das sie für ihren 13-jährigen Sohn Alexandre geschrieben hat, wurde in Frankreich zum Bestseller.

Der Journalist, Essayist und Sartre-Spezialist *Michel-Antoine Burnier* hat sich als streitbarer Achtundsechziger und Mitbegründer der linksgerichteten französischen Zeitschrift *Actuel* einen Namen gemacht. Inzwischen greift er mit unverminderter Verve auch linke Glaubenssätze an. Über seine eigene intellektuelle Entwicklung – und die der französischen Gesellschaft seit dem Zweiten Weltkrieg – hat er 1993 ein Buch für seine Tochter geschrieben.

Doris Heinemann, geboren 1957, unterrichtete Deutsch und Französisch, war von 1987 bis 1992 Übersetzerin im Generalsekretariat des Ministerrats der Europäischen Gemeinschaften und arbeitet inzwischen als freie Übersetzerin.

Sylke Tempel
Das alte Rom

192 Seiten. Gebunden

Wieso herrschte auf den römischen Straßen laut Juvenal nachts ein «Krach, der einem Meerkalb den Schlaf rauben würde»? Wie erklärten sich die Römer die Welt? Warum hielten sie die Sklaverei für selbstverständlich? Welche Stellung hatten die Römerinnen? Wie groß war damals der Einfluss fremder Kulturen, und wie hielten es die Römer mit den Ausländern?

In dieser unterhaltsamen Alltagsgeschichte wird das Römische Reich auf dem Höhepunkt seiner Macht und kulturellen Blüte (100 v. Chr. – 100 n. Chr.) lebendig: auf dem Forum, in den Straßen und Tempeln, den Schulen, Theatern und Bädern, unter Händlern und Legionären, bei den Plebejern, Patriziern und Sklaven und nicht zuletzt in den Schriften der römischen Philosophen, Historiker und Satiriker.

Das richtige Buch für (lateinentwöhnte) Leser, die ihr Wissen über die römische Antike nicht nur aus historischen Romanen beziehen wollen.

«Alle Welt redet von Bildung. Die Art, wie Sylke Tempel sie vermittelt, macht Vergnügen. Auch älteren Lesern.» *Johannes Mario Simmel*

Rowohlt · Berlin